BALLADES DU BEAU HASARD

Dans la même collection
XXe siècle, Poésie :

Pierre Reverdy, *Flaques de verre*

Tristan Tzara, *Grains et issues*

Collection Grand Format :

Paul Fort, *Ballades françaises*

PAUL FORT

BALLADES DU BEAU HASARD

Poèmes inédits et autres poèmes

Préface, Bibliographie et Chronologie
par
Daniel LEUWERS
Professeur à l'Université
de Tours

Publié avec le concours
du Centre National des Lettres

GF
FLAMMARION

INTRODUCTION

Paul Fort est un poète célèbre, connu dans le monde entier comme l'auteur des *Ballades françaises.* C'est là le titre d'un premier volume paru dès 1897, avec une préface de Pierre Louÿs. Et, sous ce même titre, vont voir le jour maints autres volumes qui assureront la notoriété, puis la gloire de celui qui, en 1912, sera élu prince des Poètes. Paul Fort tiendra d'ailleurs à livrer régulièrement à son public des choix anthologiques de ses *Ballades françaises* qui se trouveront bientôt assorties de *Chroniques de France.* Trois ans après la mort du poète, l'éditeur Flammarion donnera, en 1963, l'importante anthologie intitulée *Ballades françaises, Choix 1897-1960* qui demeure à ce jour l'ouvrage de référence, tant il est vrai que le lecteur d'aujourd'hui hésite à recourir aux dix-sept tomes massifs des *Œuvres complètes* (de toute façon épuisés) d'un poète prolifique.

Prolifique, Paul Fort l'était assurément, et il nous reste encore de lui un ensemble de poèmes inédits. Ce sont précisément ces inédits que le présent volume veut offrir au lecteur, escortés de textes célèbres, pour la plupart repris dans la dernière anthologie des *Ballades françaises,* le tout montrant bien l'unité de l'œuvre. Les poèmes inédits datent de la fin de la vie de Paul Fort et révèlent un ton quelque peu buissonnier avant le rapt de la mort. Ils ont la fraîcheur, la fantaisie et la cocasserie d'un vieil homme qui voudrait « tant redevenir un poète plein d'avenir ».

Pourtant Paul Fort souffre assez souvent d'une image

de marque plutôt négative. On le considère volontiers comme un poète facile, comme un poète léger, comme un poète sans profondeur. On le réduirait presque à la chansonnette ou aux récitations d'école primaire. Il y a du vrai dans cette image, il faut en convenir, mais le territoire poétique est vaste et, si l'on ne trouve pas ses maîtres tutélaires en Hölderlin, Nerval ou Baudelaire, du moins peut-on se sentir des affinités avec le « si proche et lointain » François Villon, avec Paul Verlaine, avec l'« art vif » de Guillaume Apollinaire — pour citer les poètes dont Paul Fort se réclame.

Les thèmes d'inspiration familiers de Paul Fort n'ont rien de très original ; c'est l'amour — et volontiers l'amour charnel —, la mort, la fraternité, le bonheur, la France, l'univers tout entier. L'originalité de Paul Fort résiderait plutôt dans l'extrême aisance et abondance de son écriture — qui tranche avec une certaine tendance de la poésie contemporaine à l'ellipse et à la concision. Partant de ce postulat qu'« un poète n'écrit pas de chefs-d'œuvre, *il écrit sa vie* [1] », Paul Fort exprimera donc son existence au jour le jour, en composant plusieurs poèmes par vingt-quatre heures (il y a à coup sûr du vrai dans cette légende). D'ailleurs, dès 1909, le chroniqueur poétique de *La Nouvelle Revue française*, Henri Ghéon, avait déjà tendance, comme quelques autres confrères, à crier haro sur ce poète trop expansif, mais non sans se laisser finalement séduire... Son jugement, exprimé en novembre 1909, mérite d'être cité. Après avoir estimé que « victime de sa sensibilité suraiguë et de la vie qui ne s'arrête pas, Paul Fort a continué de chanter au jour le jour, suivant la vie, en dépit de nos vœux et de nos critiques [2] », Henri Ghéon finit pas concéder :

> « D'autres économisent — et c'est leur sort — pour enrichir une œuvre dense et contractée. Pour Dieu !

1. *Mes Mémoires. Toute la vie d'un poète 1872-1944*, Paris, Flammarion, 1944, p. 8.

2. Cité par Michel Décaudin dans *La Crise des valeurs symbolistes*, Toulouse, Privat, 1962.

> puisqu'il peut gaspiller, que M. Paul Fort gaspille, et continue à se promener dans la vie, en nous rendant à mesure tout ce que la vie lui aura donné. Trop rares sont les poètes comme lui, qu'au vrai sens du mot, elle inspire. »

Le paradoxe n'est-il pas que Paul Fort ait eu pour maître dans sa jeunesse — et même pour témoin de mariage ! — Stéphane Mallarmé ? Celui que Paul Fort appelle « un héros » et qu'il conduisit à sa dernière demeure en 1898, avait certes atteint un « art suprême [3] », mais, bien en accord avec ses tendances personnelles, le futur auteur des *Ballades françaises* va rapidement estimer que « c'est dans la largeur, la synthèse que la poésie [4] » doit désormais se déployer :

> « Réunir ce qu'on avait trop divisé, rassembler ce qui était isolé, grouper les éléments séparés pour en faire une harmonie en concordance avec la complication du monde moderne, voilà de quoi occuper plusieurs générations. »

Telle fut la conviction de Paul Fort après le passage de l'auteur d'*Hérodiade* qui, lui, représenta « le miracle d'une seule fois ! »

Paul Fort avait certes l'envergure d'un chef d'école — littéraire s'entend — et ce n'est point hasard s'il fonde en 1890, à dix-huit ans à peine, le Théâtre d'Art, s'il crée en 1892 la revue *Le Livre d'Art* et en 1905 *Vers et Prose* qui connaîtra un grand succès jusqu'à la Première Guerre mondiale. *Le Livre d'Art* s'inscrivait dans la mouvance symboliste qui a vu naître Paul Fort au langage. Mais le jeune poète eut immédiatement le souci de ne pas être l'homme d'un clan. Il le rappelle dans ses *Mémoires* :

> « Certes, nous aimions nos aînés, c'est peu dire : nous les adorions. Mais nous n'avions pas en tout — il s'en fallait de beaucoup — les mêmes idées

3. *Mes Mémoires*, p. 77.
4. *Ibid.*, p. 78.

esthétiques : déjà un retour vers la nature et une expression plus directe se mêlaient à notre mystique de la poésie pure [5]. »

Paul Fort est alors aux côtés de Jarry, de Léon-Paul Fargue, de Pierre Louÿs, de Francis Jammes pour animer « cette revue de la seconde génération des Symbolistes ».

Vers et Prose sera, pour sa part, le lieu de rencontre et parfois d'entente de toutes les écoles poétiques qui par ailleurs s'ignorent, se méprisent ou s'entre-déchirent : Naturalistes, Symbolistes, Unanimistes, Naturistes, Paroxistes, Fantaisistes, Futuristes, Néo-classiques, Simultanéistes, Cubistes... Ce rassemblement n'était guère pour déplaire à Paul Fort qui, soucieux de dépasser les formules figées, aura tendance à estimer qu'« il faut être de toutes les écoles avec conviction ! Autrement dit, il ne faut être d'aucune [6] », et qui préférera toujours l'ample miroir au simple éclat.

C'est entre 1892 et 1905 que Paul Fort va affirmer sa véritable originalité, qui réside dans une sorte de révolution formelle très instinctive — et qui ne sera théorisée qu'après coup. Ses tout premiers recueils publiés en 1894 et 1895 font étalage de vers très libres qui bousculent les habitudes des lecteurs de poésie. « Ce ne sont pas là des vers, mais de fâcheuses proses rythmées, qui ont le tort d'être écrites avec talent », relève E. Pilon dans *L'Ermitage*, en avril 1895. Lorsqu'il publie ses *Premières Ballades*, en 1896, puis ses *Ballades françaises* en 1897, Paul Fort franchit un nouveau pas : il abandonne la disposition en vers pour adopter une prose poétique. A l'enquête de Le Cardonnel et Vellay sur la littérature contemporaine, Paul Fort répondra en 1905 qu'il a cherché « un style pouvant passer, au gré de [son] émotion, de la prose au vers, et du vers à la prose : la prose rythmée formant la transition. Ainsi la prose, la prose rythmée et le vers libre ne deviennent qu'un seul instrument gradué [7] ».

5. *Mes Mémoires*, p. 47.
6. *Ibid.*, p. 26.
7. *Enquête sur la littérature contemporaine*, Paris, Mercure de France, 1905, p. 268.

Paul Fort aspire donc à un langage poétique fait de la fusion du vers et de la prose, ce qu'à l'époque on appelle, à l'instar de Charles Morice, un langage « total ». Pour ce faire, il pratique l'élision du E muet. A Le Cardonnel et Vellay, Paul Fort précisera encore : « En général, à moins d'effet cherché, je ne compte pas les syllabes muettes dans la mesure du vers. Je pratique les élisions naturelles [8]. » L'auteur des *Ballades françaises* se forge ainsi un outil souple et précis à la fois; son poème obéit à la disposition typographique de la prose, tout en assurant le maintien du rythme du vers, mais sans contrainte prosodique.

Paul Fort a certes eu des prédécesseurs sur cette voie, d'Aloysius Bertrand à Baudelaire, de Rimbaud à Mallarmé, mais il semble qu'il ait été surtout sensible au recueil de Catulle Mendès, *Lieds de France,* publiés en 1892 chez Flammarion. Paul Fort aime — et aimera toujours — introduire dans ses poèmes des échos de chansons populaires, agrémentés de pittoresque mythique ou légendaire. Le titre de prince des Poètes qui le couronnera bientôt sera une marque d'estime quasi universelle pour son œuvre empreinte d'une originalité sans mystère et qui reflète bien les tendances esthétiques du temps. Michel Décaudin fait à ce propos cette juste remarque : « Paul Fort n'est pas assurément en 1912 le plus grand poète français, ni le plus admiré; il est la commune mesure de la poésie contemporaine [9]. » Jules Romains et ses amis unanimistes, dont Jouve, l'aiment parce qu'il réalise à sa manière une forme de la poésie « immédiate » qu'ils prônent. Les courants plus traditionalistes apprécient sa verve populaire et son attachement au terroir. Quant à Apollinaire et à André Salmon, ils prisent sa fantaisie.

Paul Fort a maintes cordes à son arc et peut tout aussi bien s'adonner à la chanson qu'au madrigal, à la romance, à l'ode ou à l'odelette. Il connaît les secrets du lied, de la complainte, de l'élégie, et même de l'hymne

8. *Ibid.*
9. *La Crise des valeurs symbolistes,* p. 409.

ou de l'épigramme. La petite épopée et le roman historique ne l'effraient guère. Ce faisant, l'auteur des *Ballades françaises* rajeunit une tradition qui remonte aux temps lointains où la poésie n'existait que pour être dite ou chantée. Les dons incontestables de Paul Fort ne vont cependant pas sans contrepartie. Il peut certes exceller dans des poèmes où les phrases courtes et simples, relayées souvent par des refrains, culminent en une secrète dématérialisation, mais il ne possède nullement le salutaire coup de rein qui permet à un créateur de se renouveler. Dans un siècle où le langage poétique procède volontiers par ruptures, Paul Fort fait un peu figure anachronique. Et rétrospectivement la petite révolution formelle entreprise par Paul Fort à la fin du siècle dernier pourrait paraître presque anodine. Pour le critique Henri Meschonnic, il est en tout cas clair que l'essai de poésie populaire qui était alors en vogue — et qui fut quelque peu théorisé par Remy de Gourmont dans son *Esthétique de la langue française* en 1899 — « semble plus daté qu'il ne fait date [10] ». Autant dire qu'il n'en résulta que « de la fausse chanson populaire, du faux simple ».

Paul Fort, pourtant, sera resté fidèle à ses origines poétiques jusqu'en 1960, et il y a quelque chose de singulier dans cette fidélité qui est à la fois fidélité à soi, fidélité à une image quelque peu mythique du poète et fidélité à une certaine idée de l'amour, qui ne s'incarnera jamais mieux qu'en Germaine Tourangelle. Paul Fort s'est également voulu fidèle à ses lecteurs, sans forfanterie ni arrière-pensée. Ce poète a trouvé d'emblée sa voix, son timbre, son registre. Ce fut sa chance, mais aussi sa malchance dans la mesure où il n'éprouva jamais le poignant souci de se chercher qui nous émeut chez les créateurs en butte à l'éprouvant mur du silence et de la souffrance.

La souffrance; Paul Fort l'écarte insensiblement de toute son œuvre. Lui qui écrit « des mots pour le plaisir » et qui les chante (ainsi se définit-il), il ne voit dans le mal

10. *Critique du rythme. Anthropologie historique du langage*, Lagrasse, Verdier, 1982, p. 609.

qu'un ennemi susceptible de briser sa plume, alors que, pour d'autres, il l'aiguise. Paul Fort ne conserve donc de la souffrance que les aspects bénins — comme certains aléas de l'amour — ou, mieux encore, l'issue heureuse. Il ne s'enferme jamais dans l'inextricable, et les refrains de ses chansons viennent toujours ranimer l'espoir ou conforter quelque raison d'aimer.

Dans ses *Mémoires,* le poète rappelle certes que sa jeunesse fut la proie de maintes souffrances sentimentales et qu'après la trahison de Manon (« J'ai trompé Manon qui m'avait trompé, — elle par distraction, et moi par vengeance ») il endura « mille souffrances, enfin mettons 999 [11] » jusqu'à la rencontre de Mireille surnommée immédiatement par lui « Petit-Verglas ». Pourquoi ?

> « ... parce que me ravissaient sa pâleur étrange et son éternelle mélancolie — une mélancolie dont je ne sus le secret qu'après sa mort. Ne tremblez pas ! Mais je dois le dire : elle fut assassinée au couteau par un fichu mauvais garçon, dans sa chambre, là-bas, derrière le Panthéon, rue Descartes où mourut Paul Verlaine. »

Le secret de la mélancolie de « Petit-Verglas », c'était la mort de son père sur l'échafaud. Pourtant le poème *Après la mort de la petite* n'exprimera pudiquement que le regret d'avoir joué sur les mots (« que c'est bête, un poète ») au lieu d'assumer de quelque façon la dimension tragique de cette escalade sanguinaire. Tel est Paul Fort, bien plus enclin à célébrer le « maternel et doux berceau de [ses] enfances » qu'à explorer les abîmes de la douleur, et bien plus prompt à se décréter « Seigneur d'Ussé la jolie » qu'à subir les mauvais coups du destin et de la société. Paul Fort se laisse plutôt aller aux charmes du beau hasard que son volontarisme — faussement naïf — colore des belles teintes du bonheur. Des larmes, il exige qu'elles ne pleurent que de joie. Et à Dieu, il n'adresse que des « vœux en forme de prière pour rajeunir ».

11. *Mes Mémoires*, p. 53.

Le printemps est tout naturellement la saison préférée de Paul Fort, avec ses senteurs de renouveau. Et aux « béquillards aveugles », le poète ne souhaite que d'avoir bien aimé dans leur jeunesse, afin d'assurer à leur vieillesse « des souvenirs de caresses ». Aussi le « grand âge » ne l'effraie nullement. A peine vient-il d'atteindre 88 ans, qu'il compare les deux 8 à

« deux coquetiers
faisant du catch avant le grand départ.
Qui sera cassé le premier ? »

Le poète s'amuse à apprivoiser le destin et à transformer l'humeur en humour, avant de s'exclamer, triomphant :

« Espérance encore. L'amour aura le dernier mot. »

Quant à la mort, qu'importe :

« Je suis au tombeau. Le rossignol chante. »

Le chant peut dès lors librement se perpétuer — échos du beau hasard qui préside à l'amour et à l'incessant tourbillon de la vie (« Ah ! r'aimez-moi donc, r'aimez-moi la belle ») — avec une fidélité qui, sans éviter les paresses de la répétition, arrive néanmoins à se couler avec aisance dans les sentiers reconnus du bonheur que menacent à peine les volages nuages. Paul Fort ou le poème au beau fixe.

Daniel LEUWERS.

CHANSONS

LA VIE

Au premier son des cloches : « C'est Jésus dans sa crèche… »

Les cloches ont redoublé : « O gué, mon fiancé ! »

Et puis c'est tout de suite la cloche des trépassés.

Ballades françaises.

LA FRANCE

Ah ! quelle vie ! quelle fraîcheur, quelle gaîté !
La France court les bois et court sous les pommiers.
Hé ! Dieu ! quelle souplesse et quelle agilité !
La France court les airs et court les pigeonniers.
Quelle fougue de voir, quel désir de monter !
La France court le Ciel, est-ce un paradisier ?
Quelle joie de sonder l'abîme et d'exister !
De tout l'esprit du Monde elle est seule hantée.
Quelle âme, quel amour, quel feu, quelle clarté !
La France court l'espace et court l'éternité.

L'Alouette.

LA RONDE AUTOUR DU MONDE

Si toutes les filles du monde voulaient s'donner la main, tout autour de la mer elles pourraient faire une ronde.

Si tous les gars du monde voulaient bien êtr'marins, ils f'raient avec leurs barques un joli pont sur l'onde.

Alors on pourrait faire une ronde autour du monde, si tous les gens du monde voulaient s'donner la main.

Ballades françaises.

LE BONHEUR

Le bonheur est dans le pré. Cours-y vite, cours-y vite. Le bonheur est dans le pré. Cours-y vite. Il va filer.

Si tu veux le rattraper, cours-y vite, cours-y vite. Si tu veux le rattraper, cours-y vite. Il va filer.

Dans l'ache et le serpolet, cours-y vite, cours-y vite, dans l'ache et le serpolet, cours-y vite. Il va filer.

Sur les cornes du bélier, cours-y vite, cours-y vite, sur les cornes du bélier, cours-y vite. Il va filer.

Sur le flot du sourcelet, cours-y vite, cours-y vite, sur le flot du sourcelet, cours-y vite. Il va filer.

De pommier en cerisier, cours-y vite, cours-y vite, de pommier en cerisier, cours-y vite. Il va filer.

Saute par-dessus la haie, cours-y vite, cours-y vite. Saute par-dessus la haie, cours-y vite ! Il a filé !

L'Alouette.

CHANSON D'AMOUR

Bel amoureux, je te plais ? viens à moi dans les myrtilles, cours avec les pieds agiles du petit cochon de lait.

Tu m'aimes ? J'en suis fort aise ; viens à moi, pigeonnet sombre, voletant sur les concombres et le champ rouge de fraises.

Cours de la vigne à la cour et, me guignant sous le hêtre, si je chante à la fenêtre ne danse pas comme un ours.

Mets le pied sur l'escalier. Je descends. Monte en silence. Tel gravit une éminence le faon aux petits souliers.

Ah ! puisque tu m'as choisie, emporte-moi sans orgueil, vite ! et comme l'écureuil une pomme cramoisie.

L'Arbre à poèmes.

L'AMOUREUSE

Beaux yeux, mes beaux yeux, en prison sous mes cheveux. Le vent entr'ouvre et ferme et secoue la prison. Il fait jour, il fait nuit. Je cours à travers champs.

Mes seins, mes seins blancs, en prison sous mes mains. Le vent passe entre les grilles, le vent glisse entre les doigts. Il fait chaud, il fait froid. Je cours à travers bois.

Mais ton cœur, ô ton cœur, en prison dans mon cœur ! Le vent chante et rit et pleure dans la prison. — Entends des portes s'ouvrir et se fermer dans le vent. — Cours à travers champs, cours à travers bois, cours délivrer ton cœur, cours après moi !

Ballades françaises.

BERCEUSE DE MES PREMIERS ANS

Deux roses au jardin qui s'aiment d'amour tendre
comme papa, maman,
et s'offrent des cadeaux, fleurs et parfums ensemble,
comme papa, maman,
ne murmurent jamais, s'entendent bien toujours
comme papa, maman,
se regardent le soir à beaux yeux de velours
comme papa, maman,
et ne pleurent jamais que des larmes de joie
comme papa, maman,

des pleurs ? de la rosée, une goutte à la fois,
comme papa, maman,
ne laissent pas longtemps une abeille en leur cœur,
comme papa, maman,
quêter le petit point où naîtrait la douleur,
ô papa ! et maman !
écoutent les oiseaux chanter leur paradis
comme papa, maman,
bercés au bercement de leurs bébés chéris,
comme papa, maman...
— Où voyez-vous cela ? — Dans le Jardin en France
de papa et maman.
— Et d'où le voyez-vous ? — Du chou de ma naissance.

Ferveur française.

CHANSON DU HANNETON

Hanneton, vole, vole, vole. Dagobert est à l'école. Il a vaincu la Neustrie. Qu'il fait doux sur la prairie !

Hanneton, vole, vole, vole. Charlemagne est à l'école. Il s'y fait sacré romain. On aura congé demain.

Hanneton, vole, vole, vole. Jeanne d'Arc est à l'école. Elle grimpe sur un bûcher. On grimpera sur les pêchers.

Hanneton, vole, vole, vole. Henri IV est à l'école. Il y met la poule au pot. Nous jouerons à cul-mariot.

Hanneton, vole, vole, vole. Louis XIV est à l'école. Il bat Montecuculli. Nous ferons la guerre aussi.

Hanneton, vole, vole, vole. Bonaparte est à l'école. Il y passe le pont d'Arcole. Aux drapeaux ! les papillons !

Hanneton, vole, vole, vole. M'sieur Lebrun est à l'école. Il supprime tous les pensums. Gare à la glu, les pinsons !

Hanneton, vole, vole, vole. Toute la France est à l'école. On y est républicain et dehors on est quelqu'un.

L'Arlequin de plomb.

ÉMILE

Émile, Émile, Émile est un garçon malin ; il a mis dans le mille et gagné le lapin,

mis dans le mille
gagné l'lapin,

et mille et mille et mille

lapins !

L'œuf éclate et la boule en verre, au même coup de pistolet : voilà ce qu'Émile n'eût pu faire sans l'adresse qu'on lui connaît.

Émile, Émile, Émile est un garçon malin ; il a mis dans le mille et gagné le lapin.

Voyez ce qu'a pu faire Émile, dont l'œil droit cligne avec amour (viser du carton, c'est facile) : un pouf dans la peau du tambour.

Émile, Émile, Émile est un garçon malin ; il a mis dans le mille et gagné le lapin.

Émile à tous les coups fait mouche. Émile est un chasseur dans l'âme. Et lorsqu'il vise un oiseau-mouche, il abat un hippopotame.

Émile, Émile, Émile est un garçon malin ; il a mis dans le mille et gagné le lapin.

Émile, un jour, s'il va-t-en guerre, n'aura qu'à montrer

aux Prussiens le fusil neuf (à tabatière) dont hier il tua son chien.

Émile, Émile, Émile est un garçon malin ; il a mis dans le mille et gagné le lapin.

Émile est bon et généreux, et n'ayant jamais eu le trac, s'il se retourne à l'enjoue feu ! c'est qu'il est bon depuis Jean-Jacques.

Émile, Émile, Émile est un garçon malin ; il a mis dans le mille et gagné le lapin.

Rappellerai-je, ô remember ! que Lise étant dure à ses yeux, une balle de revolver lui coupa son dernier cheveu ?

Émile, Émile, Émile est un garçon malin ; il a mis dans le mille et gagné le lapin.

Nous chanterons ta gloire, Émile, aux accents de l'accordéon, quand tous les chasseurs de la Ville te conduiront au Panthéon.

Émile, Émile, Émile est un garçon malin ; il a mis dans le mille et gagné le lapin,

mis dans le mille,

gagné l'lapin,

et mille et mille et mille

lapins !

Chansons à la gauloise.

AIR CHAMPÊTRE

Viens, petite, aux champs, chercher la morille, viens, petite, aux champs, souffler le chardon.

Est-ce là chanson des Alpilles ? est-ce là chanson de Châlons ? où l'on entend le chant des filles, et dans l'air flottent leurs jupons devant les sifflets et les trilles, devant les rires des garçons.

Viens, petite, aux champs, chercher la morille, viens, petite, aux champs, souffler le chardon.

C'est plaisir d'Avril où l'air brille, où les filles, c'est nous et vous. Ce sont malfaiteurs des familles qui pour eux ne veulent que nous ? qui nous feront folles et fous, heureux de l'être un soir si doux !

Viens, petite, aux champs, chercher la morille, viens, petite, aux champs, souffler le chardon.

La lune est au-dessus de nous... Est-ce la chanson des Alpilles ? est-ce la chanson de Châlons ? où l'on entend le chœur des filles et dans l'herbe choir les jupons, sous des mains, des mains qui frétillent,

et sous les rires des garçons !

Viens, petite, aux champs, chercher les morilles, viens, petite, aux champs, souffler les chardons.

Inédit.

CHANSON FOLLE DU VOL ET DU VOL

A ma fille Clairette.

Qui ne vole, c'est qu'il n'a pas de vie. Qui ne vole, c'est qu'il n'a pas d'envie.

Qui ne vole son rêve ne s'envole. Vole, vole, hanneton, prends ton vol.

Pigeon, vole ! Mais l'écureuil aussi. Guêpe vole. Aussi mon oustiti.

Souris vole. Quand elle est chauve ou folle. Aigle vole. Pas autant que la pie.

Qui mieux vole ? Ce qui vit sans envie. Voleur vole. Tous les anges aussi.

Bon vent vole ! Vol aux vols réussis ! Graine vole. Vie est là, vole ici.

Mouchoir vole, au vent comme la vie. Vole et vole, poésie, poésie.

Prends ton vol et vole ainsi ton rêve, prends ton rêve pour que ton vol s'achève.

Qui ne vole son rêve ne s'envole. Voleur vole. Mais tout le ciel aussi.

Plume folle ! ma plume vole ! ici tu t'envoles dans plus de fantaisie,

poésie, poésie, poésie !

Ferveur française.

LA PROIE INDOCILE ET DOCILE

Quand vigoureuse elle s'enfuit, je bondis, volai derrière elle.

Quand toute faible elle dit: « oui », ma bouche errait sur ses prunelles.

Quand j'eus sa vie entre mes bras, vit-on jamais plus belle proie ?

Quand, renversée, elle en pleura, — on ne vit jamais tant de joie !

Quand je haussai, Pâques chartraines, vers vos cloches battant si fort,

l'illustre palme de son corps, je triomphai, puis chut. Quand même.

Sonnez, cloches ! On s'aime, on s'aime. Autour de nous bruit la ville.

Un ciel s'ouvre, Pâques chartraines, quand proie indocile est docile.

Ferveur française.

CHANSON DE ROSIE

Un éclair de ses dents eût fait chanter l'Asie. Aussi ne vous dirai rien de plus de Rosie.

L'Europe à sa blancheur l'eût pour aube choisie. Aussi ne vous dirai rien de plus de Rosie.

Son œil de jais eût mis l'Afrique en jalousie. Aussi ne vous dirai rien de plus de Rosie.

L'Amérique eût brûlé pour sa joue cramoisie. Aussi ne vous dirai rien de plus de Rosie.

Elle eût fait dieu sa gorge en fleur, l'Océanie ! Aussi ne vous... Mais, bah ! faut-il que je le nie ?

Rien que de son cœur pur mon âme fut saisie. Aussi ne vous dirai rien de plus de Rosie.

Fantômes de chaque jour.

CHANSON DE VIRGINETTE

Virginette, mon cœur, je resterai bien sage. La prairie est en fleurs. Couchons-nous dans l'herbage.

Voici la passefleur, couchez-y votre tête, voici la mignonnette, couchons-y nos deux cœurs.

Et la main dans la main nous ferons un voyage, le même que demain à la fin de nos âges,

nous irons voir au ciel tous les amours en fête ! Mais songe plus réel a bercé Virginette.

Son doux museau d'amour est tendu vers le jour, ses yeux de bleuets bleus, que voient-ils dans les cieux ?

De vous sur la prairie, nuages blancs jolis, un ange fait son lit à la Vierge Marie.

Virginette, ma sœur, je resterai bien sage. Couchez-vous dans l'herbage et dormez sur les fleurs.

Expo 37.

CHANSON DE LA COLOMBE POIGNARDÉE

Si Dieu n'avait pas fait le soleil et les mondes, il n'y aurait pas eu les douleurs ni ma blonde, pas de coups, de sang rouge et ni ma bien-aimée. Il n'y aurait sur terre colombe poignardée.

Si Dieu n'avait pas fait la lune et les orages, il n'y aurait pas eu de pleurs aux doux visages, pas de couteau farouche et ni ma bien-aimée. Il n'y aurait sur terre colombe poignardée.

Si Dieu n'avait pas fait les jours après le jour, il n'y aurait pas eu d'amour ni mon amour. Il n'y aurait sur terre colombe poignardée et ni, Seigneur! ma bien-aimée, ma bien-aimée!

Bol d'air.

CHANSON VERS L'ABSENTE

L'aube encor vient glacer mes draps. Où donc es-tu, ma Germainette ? Je suis seul dans mon lit, tout froid... La femme est une chaufferette.

Si tu n'es pas mon ennemie, reviens, Chaufferette ma mie.

Est-ce un plaisir d'impératrice que me laisser *vivre* en garçon une mort où je glisse, glisse comme glisse au fleuve un glaçon ?

Si tu n'es pas mon ennemie, reviens, Chaufferette ma mie.

Mon cœur est un sujet d'émoi pour Dieu et mon ange : il s'arrête. Pardonne-lui. Pardonne-moi. Reviens, reviens vers ton poète !

Non ! tu n'es pas mon ennemie, accours, Chaufferette ma mie !

Bol d'air.

CHANSON DU PETIT PIGEON BLEU

Je voudrais être petit pigeon bleu, sur le toit de ta chaumière, Yvonnette, pour t'écouter remuer les assiettes ou mettre les pommes de pin au feu,

j'écouterais aussi la belle histoire que tes enfants écoutent chaque soir, c'est toi qui la contes, je serais heureux, tout comme un ange écoutant le bon Dieu :

oui ! la belle histoire du Paradis, lorsque tous les oiseaux s'aimaient entre eux, les arbres aussi, les poissons aussi, les chênes, les carpes, les hoche-queues,

les lions aussi, les pins parasols, les écureuils, les zéphyrs, les roseaux, les roses, les arcs-en-ciel sur les eaux, les gouttes de rosée et deux personnes.

Sur le toit de ta chaumière, Yvonnette, je voudrais être petit pigeon bleu, j'écouterais entre les pailles, heureux — tout comme un ange écoutant le bon Dieu —

du Paradis conter l'historiette.

Bol d'air.

« NE CROYEZ MIE AUX GOÉLETTES »

Je n'ai plus l'âme d'un Poète. Ma mie est morte aux pays vagues. Ne croyez mie que j'extravague. Ces pays ? ce sont les planètes…

Le temps n'est plus des goélettes caressant doucement les vagues.

Elle est partie. Elle est coquette. Elle savourait notre amour. Partie au loin. Et tous nos jours c'étaient bouquets de fleurs en fête.

Le temps n'est plus des goélettes savourant les flots de velours.

Elle est partie et n'a plus d'âge. Je n'en ai plus, Mort qui me guette. Le ciel est-il un paysage où fuit l'orage une simplette ?

Le temps n'est plus des goélettes… Depuis longtemps ont fait naufrage.

Si ! — croyez-le bien — j'extravague… Dans la mort est-elle inquiète ? Je n'ai plus l'âme d'un Poète. Le temps n'est plus des goélettes.

Inédit.

LA FÉE URLURETTE

Seul dans la vie, poète un brin, seul dans mon coin, dans mes chagrins, j'ai tant rêvé d'une servante qui serait une fée savante, une fée nommée Urlurette et ne vivant que d'amourette !

Combien tu me hantes, Urlurette, combien tu me hantes !

J'ai tant rêvé d'une servante qui serait une fée savante ! — Urlurette est née d'un trésor caché au fond de mon jardin. Elle en tire, eh ! c'est bien de l'or, les plus doux rayons du matin.

Dore mes chagrins, Urlurette, dore mes chagrins.

J'ai tant rêvé d'une servante qui serait une fée savante ! — Urlurette est née de la lune, de son image en un seau d'eau. Elle en tire, c'est la fortune, vingt torchons mouillés clairs et beaux.

Frotte les carreaux, Urlurette, frotte les carreaux.

J'ai tant rêvé d'une servante qui serait une fée savante ! — Urlurette est née en hiver d'un gris petit saule ébranché, d'une touffe de genêt vert, d'un jonc d'or pour les attacher.

Balaie le plancher, Urlurette, balaie le plancher.

J'ai tant rêvé d'une servante qui serait une fée savante ! — Urlurette est née à la fois d'un charbon rose et de sa flamme, la braise est son doux corps, je crois, et la flamme est, je crois, son âme.

Fais-nous cuire l'oie, Urlurette, fais-nous cuire l'oie !

J'ai tant rêvé d'une servante qui serait une fée savante ! — Urlurette est née d'un bahut, dans un joli bruit de cuillers ; ses mains de fourchettes pointues me tendent soupe, oie, fruit, dessert.

Emplis bien mon verre, Urlurette, emplis bien mon verre.

J'ai tant rêvé d'une servante qui serait une fée savante ! — Urlurette a chu près d'ici. Je l'abattis d'un coup de poing sur la table, au moment précis où je mourais d'un coup de vin.

De mon corps prends soin, Urlurette, de mon corps prends soin.

J'ai tant rêvé d'une servante qui serait une fée savante ! — Urlurette est née ? elle est morte, petite fée de mon destin. Son convoi passera la porte, demain à l'aube, avec le mien.

Ouvre le chemin, Urlurette, ouvre le chemin.

J'ai tant rêvé d'une servante qui serait une fée savante ! — Parents, amis, chiens d'ennemis suivront ma dépouille mortelle ; mes souvenirs et mon génie suivront ses ailes éternelles.

Tends mon âme au ciel, Urlurette, ma belle âme au ciel !

L'Alouette.

SI LE BON DIEU L'AVAIT VOULU

Si le bon Dieu l'avait voulu — lanturlurette, lanturlu — j'aurais connu la Cléopâtre, et je ne t'aurais pas connue. Las ! que fussé-je devenu sans ton amour que j'idolâtre ? Mais le bon Dieu n'a pas voulu — lanturlurette et lanturlu — que je connaisse Cléopâtre. Gloire à Dieu au plus haut des nues !

Si le bon Dieu l'avait voulu — lanturlurette, lanturlu — j'aurais connu, vêtues ou nues, j'aurais connu la Messaline, Agnès, Odette et Mélusine, Ève plus belle que le jour, Noémi, Sarah, Rebecca, j'aurais connu la Pompadour, la Fille du Royal-Tambour, et la Mogador et Clara.

Mais le bon Dieu a bien voulu — lanturlurette, lanturlu — que je connaisse mes amours. Tu m'as connu, je t'ai connue. Las ! que fussé-je devenu sans toi la nuit, sans toi le jour ? Mais le bon Dieu a bien voulu — gloire à Dieu au plus haut des nues ! — que je connaisse mes amours, lanturlurette et lanturlu !

L'Alouette.

COMME HIER !

Hé ! donn'moi ta bouche, hé ! ma jolie fraise ! L'aube a mis des frais's plein nout' horizon. Garde tes dindons, moi mes porcs, Thérèse. Ne r'pouss' pas du pied mes petits cochons.

Va, comme hier ! comme hier ! comme hier ! si tu n' m'aimes point, c'est moi qui t'aim'rons. L'un tient le couteau, l'autre la cuiller : la vie, c'est toujours les mêmes chansons.

Pour sauter le gros sourceau d' pierre en pierre, comme tous les jours mes bras t'enlèv'ront. Nos dindes, nos truies nous suivront légères. Ne r'pousse pas du pied mes petits cochons.

Va, comme hier ! comme hier ! comme hier ! si tu n' m'aimes point, c'est moi qui t'aim'rons. Je sais bien, Thérèse, que ton cœur est fier. La vie, c'est toujours les mêmes chansons.

J'ai tant de respect pour ton cœur, Thérèse, et pour tes dindons. Hé ! ma jolie fraise, quand nous nous aimons, quand nous nous fâchons, ne r'pouss' pas du pied mes petits cochons.

La vie, c'est toujours les mêmes chansons, la vie c'est toujours amour et misère. Si tu n' m'y aimes plus, moi je t'y aim'rons — va, comme hier ! comme hier ! comme hier !

L'Alouette.

LE SOUPIRANT ET LA CHATELAINE

Je vous aime et n'ose le dire. N'est-ce pas que j'en vais mourir ?

Hier au soir, dans ces bruyères, je me suis traîné-z-à-genoux vers le petit flot de lumière que Dieu répand sur votre cou.

Je vous ai vue à la fenêtre. Mille étoiles vous regardiez.

Las ! un soir, vous verrez peut-être deux étoiles dans le fumier.

Je vous aime et n'ose le dire. N'est-ce pas que j'en vais mourir ?

Trois cavaliers vont chaque soir frapper aux portes de la Tour.

L'un c'est la Mort, l'autre l'Espoir, et le dernier c'est mon amour.

Deux poings de fer, un de velours. Vous écoutez les deux premiers.

Il a beau frapper jusqu'au jour, vous n'entendez pas le dernier.

Je vous aime et n'ose le dire. N'est-ce pas que j'en vais mourir ?

Si mon amour est le plus fort, je vous enverrai mes archers.

Nenni-dà ! l'Espoir et la Mort, tôt auront fait de le coucher.

Trois cavaliers se sont battus mêlant leurs chevaux de si près et leurs grandes épées tortues qu'ils ressemblaient-z-à un bouquet.

Je vous aime et n'ose le dire. N'est-ce pas que j'en vais mourir ?

Hier au soir, dans ces bruyères, je me suis traîné-z-à genoux vers le petit flot de lumière que Dieu répand sur votre cou.

Je vous aime et n'ose le dire. Ce que je dis, c'est au zéphire.

Le zéphire ne fait qu'en rire! N'est-ce pas que je vais mourir?...

Chansons à la gauloise.

CHANSON DE L'ARCHER

Si petite, ma foi, vous êtes une abeille.
Quand la flèche va droit, elle atteint sa pareille.
Filles au cœur étroit, notre dard est mortel.
Quand la flèche va droit, elle atteint l'hirondelle.
Marquise à l'œil sournois, je ne suis ton hochet.
Quand la flèche va droit, elle atteint le brochet.
Une absence d'un mois pour déchirer ma belle.
Quand la flèche va droit, elle atteint la gazelle.
Je reviens: oui, c'est moi couché dans un cercueil.
Quand la flèche va droit, elle atteint l'écureuil.
Sera-t-on douze mois à me pleurer toujours?
Quand la flèche va droit, elle atteint le vautour.
La mort, entre ses doigts, me tend la fine abeille.
Quand la flèche va droit, elle atteint le soleil.

Chansons à la gauloise.

CHANSON À L'AUBE

— Où donc est ma peine ? Je n'ai plus de peine. Où donc est ma mie ? Je ne m'en soucie.

Sur la douce plage, à l'heure sereine, dans l'aube innocente, ô la mer lointaine !

— Où donc est ma peine ? Je n'ai plus de peine. Où donc est ma mie ? Je ne m'en soucie.

Tes flots de rubans, la brise marine, tes flots de rubans entre mes doigts blancs !

— Où donc est ma mie ? Je n'ai plus de peine. Où donc est ma peine ? Je ne m'en soucie.

Dans le ciel nacré, mes yeux l'ont suivi, le goéland gris brillant de rosée.

— Je n'ai plus de peine. Où donc est ma mie ? Où donc est ma peine ? Je n'ai plus d'amie.

Dans l'aube innocente, ô la mer lointaine ! Ce n'est qu'un murmure au bord du soleil.

— Où donc est ma peine ? Je n'ai plus de peine. Ce n'est qu'un murmure au bord du soleil.

Chansons pour me consoler d'être heureux.

CHANSON DES FLORAISONS MANQUÉES

Aurait mieux refleuri le joli mois de Mai, si je t'avais aimé plus que tu ne m'aimais.

Tu m'aimais un peu moins de quart d'heure en quart d'heure. Et c'est ainsi que le mois d'Avril se défleure.

Ne peut fleurir l'Amour avant d'avoir été. Pas de fleurs nuit et jour — nulles — de tout l'Été.

Mais depuis cet Octobre au lys un brin seulet, nos baisers ont fleuri tout un hiver follet !

Nos baisers en bouquets montent de notre lit. — Jusque où ? — Jusques à la hauteur du crucifix.

— Et le lys ? — Il est là, sur la table de nuit, solide, en zinc, en fer, en bronze. — En or pur ? — Oui.

Inédit.

CHANSONNETTE
QUI DIRA LES TORTS DE LA RIME ?

Verlaine

On s'aime, on se ment.
On s'aime en serment.
On s'aime en s'aimant.
On s'aime en sarment.
On s'aime en semant.
Ensemencement.

Fantômes de chaque jour.

CHANSONNETTE-ARIETTE DU PAS À PAS

Je sais bien qu'il ne faut pas
trop troubler dessous nos
pas l'herbe tendre et sa caresse
entourant le cou sans cesse

d'une autre herbe, et puis voilà
je veux m'en arrêter là,
cela veut dire, ma mie,
que j'embrasserai — « mi-mi ! »

joliment ton joli cou
(dans ces bois qui font flou flou)
aux cris — fi ! ce sont muettes —
des étoiles de tes yeux,

au cri lointain du bon Dieu,
au chant du rossignol fou !
Viens... Jadis hurlait le loup
dans ces bois qui font flou flou.

Inédit.

LE PIEUX ET DOUBLE AMOUR

Elle est ma sainte et ma chapelle, nos « je vous aime » en ex-voto.

Elle est des saintes la plus belle. Quatre épingles sont chapiteaux

de la chapelle, un front si beau ! Et comme une lune chatoie

chaton de bague sur ce toit[1]. C'est elle et puis, ce n'est plus elle.

C'est ma sainte et c'est ma chapelle. Vers elle je prie et je crois.

Oh ! parfois j'élève tout droit mes mains ogivales — bien haut ! —

et les écarts entre mes doigts simulent de petits vitraux.

Elle est ma sainte et ma chapelle, nos « je vous aime » en ex-voto.

Inédit.

1. Quand je lui caresse les cheveux.

BALLADE DE LA DISTANCE

à mon cousin Tony Tizeau

Je t'aimerais si tu m'aimais, Isabelle la Catholique, toi qui découvris l'Amérique par Christophorus ton valet.

Trop de distance nous sépare.

Que de bêtises je ferais pour toi Cléopâtre, ô ma fièvre ! tel un César de cabaret, l'Antoine buvant tes deux lèvres.

Trop de distance nous sépare.

Je te ravirais Cora Pearl, à qui donc ? Napoléon III, Joséphine, toi corps tout perle, à qui ? Bonaparte, je crois.

Trop de distance nous sépare.

Jusqu'aux enfers je m'enfuirais, jusqu'au ciel me faufilerais, si tu volais au vent furtive, Églas fée et fugitive.

Trop de distance nous sépare.

Tu serais vite ma conquête. On nous marierait pour le moins, si tu le voulais, ô Juliette. Un William serait mon témoin.

Trop de distance nous sépare.

Je t'adore à genoux, madone ! — Vierge pure, il y a maldonne. J'ai peur de ta virginité. Non !... j'ai peur de ta dignité.

Trop de distance nous sépare.

Inédit.

BALLADE DE L'AMOUR MALCHANCEUX

Tu m'as dit que tu m'aimais ou bien si c'est pour l'automne ? De tes lèvres, s'il te plait, redis-le-moi en personne. Je t'en prie, redis-moi-le.

Écoute s'il pleut, mignonne, écoute s'il pleut.

Tu m'as dit que viendrait l'heure où tes lèvres seraient miennes, où sur mon si grand bonheur on fermerait les persiennes. Dieu se donne aux amoureux.

Écoute s'il pleut, mignonne, écoute s'il pleut.

J'écoute, je n'entends rien que là-bas l'aboi d'un chien, mon cœur qui bat, et qui tonne le tonnerre de l'automne sur les amours malchanceux.

Écoute s'il pleut, mignonne, écoute s'il pleut.

J'ai tant attendu l'automne. Et le v'là ! Mon cœur canonne jusqu'au ciel voluptueux, jusqu'au trône du bon Dieu. Mais la Vierge cette nonne

écoute s'il pleut, mignonne, écoute s'il pleut

de grands pleurs de tes grands yeux. N'écoute pas la madone. Écoute-moi bien, mignonne. Tes pleurs me rendent heureux.

J'écoute s'il pleut.

Inédit.

N'ÔTE PLUS TON BONNET

Tu m'aimes? Sois donc fier. N'ôte plus ton bonnet devant l'édit royal précédé de trompettes,

à gauche, à droite, ainsi, devant qui tu connais dans les Maisons de Dieu voire au jour de sa Fête,

devant l'exempt, le guet, le Duc de Coquenbrie, la Marquise de Foire et la gent-d'armerie,

au seuil du noir Palais de Justice où tu fus condamné pour avoir salué trois pendus

et non plus devant la tonsure, l'oriflamme, l'écusson, les rubans aurore du Vidame,

devant le mort suivi de lamentations, devant cierges et Vierge en la procession,

devant les créanciers, ton ancienne chérie et les hommes de fer qui sauvent ta patrie,

n'ôte plus ton bonnet devant Dieu ni le Roi ! — charge-les d'une plume et l'ôte devant moi.

Un jardinier du jardin de France.

BEAU CAVALIER, MON ÂME

Beau cavalier, mon âme, ô la noble figure ! ô le très souple corps et ma fierté vivante ! mon empereur, mon Roi, qui le serez, bien sûr, de France et d'Angleterre et de l'Estrémadure, soyez fier de l'amour en quittant votre amante.

Seul devant le soleil aux yeux de la nature — rien de votre chemin ne doit vous écarter. Plus on est seul et plus il faut soigner l'allure. Et si vous rencontrez un buisson d'aventure, enlevez le cheval et faites-le sauter.

Vous devez le savoir, mon empereur, mon maître, vous n'êtes jamais seul quand vous portez l'amour. Tout l'univers se dresse à qui vous donnez l'être, et la fleur vous surveille aussi bien que le jour. — Traversez, cavalier, les orages champêtres !

Soyez, comme devant des yeux par millions, le souverain du monde aux éclairs qui font rage, orgueilleux noblement de tous vos avantages, aussi fier que le beau Richard Cœur-de-Lion qui, son amour au cœur, galopait les nuages.

Mais si, gros maladroit, vous cheyez sur l'herbette, croyez-vous que n'en riront pas les pâquerettes ? Demain vous reviendrez, galant, pour me charmer. Le vent m'apportera le rire des fleurettes. Je saurai les entendre et non plus vous aimer.

L'Alouette.

LA CORDE

Pourquoi renouer l'amourette ? C'est-y bien la peine d'aimer ? Le câble est cassé, fillette. C'est-y toi qu'as trop tiré ?

C'est-y moi ? C'est-y un autre ? C'est-y l'bon Dieu des chrétiens ? Il est cassé ; c'est la faute à personne, on le sait bien.

L'amour, ça passe dans tant d' cœurs, c'est une corde à tant d' vaisseaux, et ça passe dans tant d'anneaux, à qui la faute si ça s'use ?

Y a trop d'amoureux sur terre, à tirer sur l' même péché. C'est-y la faute à l'amour si sa corde est si usée ?

Pourquoi renouer l'amourette ? C'est-y bien la peine d'aimer ? Le câble est cassé, fillette, et c'est toi qu'as trop tiré.

L'Amour marin.

MA JOIE EST TOMBÉE DANS L'HERBE

Ma joie est tombée dans l'herbe, gens de la route, gens fortunés, apportez tous vos lanternes, aidez-moi-z-à la retrouver.

Mon amie s'en est allée avec un grand chevalier blanc. Je l'ai suivie loin dans la plaine, ma flèche ne l'a pas manquée. Et mon amie est tombée du grand coursier dans la plaine, et quand le soir est tombé, le chevalier s'en est allé.

Apportez tous vos lanternes, gens de la route, gens fortunés, ma joie est tombée dans l'herbe, aidez-moi-z-à la retrouver.

— « C'était pas elle qu'il fallait tuer, c'était le grand chevalier blanc. T'aurais r'trouvé ta joie toute vive, on se serait p't-être pardonné. » — « J'ai pas osé tirer sur lui, c'était un trop grand chevalier, il avait l'air trop menaçant, avec sa faux au côté. »

Ma joie est tombée dans l'herbe, gens de la route, gens fortunés, apportez tous vos lanternes, aidez-moi-z-à la retrouver.

— « Si c'est bien celui-là qu' t'as vu, ta joie tu peux faire une croix d'sus, tu peux chercher pendant cent ans, tu trouv'ras de la terre, de l'herbe, de la neige suivant les temps, tu trouv'ras même des vers luisants, nenni la belle que tu cherches. »

Apportez tous vos lanternes, gens de la route, gens fortunés, ma joie est tombée dans l'herbe, aidez-moi-z-à la retrouver !

Ballades françaises.

LA FILLE MORTE DANS SES AMOURS

Cette fille, elle est morte, est morte dans ses amours.

Ils l'ont portée en terre, en terre au point du jour.

Ils l'ont couchée toute seule, toute seule en ses atours.

Ils l'ont couchée toute seule, toute seule en son cercueil.

Ils sont rev'nus gaîment, gaîment avec le jour.

Ils ont chanté gaîment, gaîment : « Chacun son tour.

« Cette fille, elle est morte, est morte dans ses amours. »

Ils sont allés aux champs, aux champs comme tous les jours…

Ballades françaises.

APRÈS L'AMOUR

On n'est plus qu'amis. C'est triste à présent. C'est plus sûr aussi, pour moins de tourments.

On dit qu'l'amitié c'est pas conséquent. Ah ! si ça l'était, gare à not' penchant !

C'en s'rait-y un sort d'être reconnaissant à notre amour mort, par d'l'amour naissant !

On s'était promis de n' pas s'oublier, pour devenir amis, de n' pas trop s'aimer :

Juste le temps d'être amant et maîtresse, et de se quitter sans tenir sa promesse.

L'Amour marin.

AH ! R'AIMEZ-MOI, LA BELLE !

— Ah ! r'aimez-moi donc, r'aimez-moi la belle.

— Je vous r'aimerai-z-à la Sainte-Estelle. — Quoi ! vous m'aimiez tant à la Saint-Sauveur.

— Au p'tit cœur, au grand cœur, c'était pour vous faire honneur.

— Vous m'aimerez cor sous votre fenêtre de la Saint-Firmin à la Saint-Silvestre. — Pour vous je suis morte ! — Oui ? à la Chandeleur ?

— Au p'tit cœur, au grand cœur, c'était pour vous faire honneur.

— Reviens sur mes bras, viens mon beau fantôme ! rentrons dans l'autel de Saint-Chrysostome. Tout ce qu'on dira devant le Seigneur,

— au p'tit cœur, au grand cœur, — ça s'ra pour lui faire honneur.

— Et pour faire honneur à la Sainte-Vierge, à Saint-Pierre itou, le digne concierge, et aux anges et aux cierges de nos cœurs,

— ô p'tits cœurs ! ô grands cœurs ! — ils vont brûler cœur à cœur !

— Par Saint-Éloi, p'tit cœur, par Saint-François, grand cœur, Saint qui fait Ouen, qui fait l'oie, par tous les saints, toutes nos saintes à la fois

et pour faire honneur à la Saint-Bonheur, oui, moi de Reims, oui, moi Rémois, ah ! r'aime-moi !

Inédit.

LA VIEILLE

Dans le bois, l'y a-t-une vieille qui passe quatre-vingts ans. C'est la femme d'un pauv' vieil homme qu'on a tué pour son argent. — La vieille s'en va dansant, sous les branches, sous les branches. — C'est la femme d'un pauv' vieil homme qu'on a tué pour son argent.

Il avait trois francs six sols dans son gousset de bûcheron. La vieille crie à tous les vents : Qui c'est-y qu'a vu mon homme ? — Elle s'en va glissant, sautant, sous les branches, sous les branches. — La vieille crie à tous les vents : Qui c'est qu'a vu mon amant ?

Deux mouches vertes aux paupières, une araignée au menton, la vieille s'en va en dansant, — qu'elle est belle ! qu'elle est belle ! — et toute une fourmilière en grains de beauté plaisants, la vieille s'en va sautant, — qu'elle est belle joliment !

Cheveux gris pleins de rosée, tout brouillés de coccinelles, la vieille s'en va glissant, — qu'elle est belle ! qu'elle est belle ! — deux scarabées aux oreilles, une marguerite aux dents, la vieille s'en va dansant, — qu'elle est belle joliment !

Elle embrasse tous les passants, les glissants et les sautants, — la folle s'en va chantant, sous les branches, sous les branches, — les sautans et les glissants, les crapauds et les serpents. Elle s'en va chantant la folle : Qui c'est donc qu'a vu mon homme ?...

Elle embrasse tous les passants, le rossignol sur la gorge, — elle s'en va chantant, sous les branches, sous les branches, — baise l'ortie sur la fleur et le voleur sur le front. La folle s'en va chantant : Qui c'est qu'a vu mon amant ?...

Ballades françaises.

CHANSON DE LA MÉLANCOLIE

Aimer et rire ont perdu ma jeunesse. J'aimais l'amour dans sa délicatesse et la gaîté fragile du printemps. L'orage éclate et brise ma jeunesse avec tes fleurs, jardin de mes parents ! Et j'ai pleuré sur de grands dahlias.

Vie trop sévère ! Est-on bien fait pour ça ?

Aimer encore et songer m'ont perdu la fleur de l'âme, aux temps où je m'en fus rêvant un rêve inconnu de la femme : j'adorai ciel et terre et fus perdu ! J'ai tout donné, j'ai tout donné mon âme. Et je pleurais par ces rues que voilà.

Vie trop sévère ! Est-on bien fait pour ça ?

Aimer toujours et pleurer jusqu'à mort ? — J'ai fait revivre et l'esprit et le corps, dès que j'en vins à moquer la douleur, et l'amour même et la vie et la mort ! Voir et savoir ont bien perdu mon cœur. Je ris de tout à présent, triste et las.

Vie trop sévère ! Est-on donc fait pour ça ?

J'entends ce soir — quel bonheur est dans l'air ? — j'entends ce soir chanter douze oiseaux clairs, par le ciel rose et couleur de lilas. O jeune fille, ô tes cheveux dans l'air flottant sous un vol de pigeons... là-bas... Dernier amour, tu ne me réponds pas ?

Vie trop sévère ! Est-on bien fait pour ça ?

L'Alouette.

Y AURA DU BON !

Y aura du bon pour les Bretons.

Le roi d'Angleterre est mort à la guerre d'un coup de canon. D'sous son bâtiment on l'a j'té en mer gaver les poissons.

Y aura du bon pour les Bretons.

Rien n'est plus étroit qu'un ch'veu de sa tête : ça pour les anguilles. Plus dure que coquille son armure d'argent : ça pour l'esturgeon.

Y aura du bon pour les Bretons.

Mais sous c'te coquille y a-z-un cœur en sang : ça pour son amie. Elle s'a j'tée dans l'iau pour n'y point survivre. Elle a bien raison.

Y aura du bon pour les Bretons.

Elle est désolée. Le roi d'Angleterre est dans les poissons. Son cœur, dans une huître, mangé tout vivant. Elle est désolée…

Y aura du bon !

L'Amour marin.

LES BALEINES

Du temps qu'on allait encore aux baleines, si loin qu' ça faisait, mat'lot, pleurer nos belles, y avait sur chaque route un Jésus en croix, y avait des marquis couverts de dentelles, y avait la Sainte-Vierge et y avait le roi !

Du temps qu'on allait encore aux baleines, si loin qu' ça faisait, mat'lot, pleurer nos belles, y avait des marins qui avaient la foi, et des grands seigneurs qui crachaient sur elle, y avait la Sainte-Vierge et y avait le Roi !

Eh bien, à présent, tout le monde est content, c'est pas pour dire, mat'lot, mais on est content !... y a plus d' grands seigneurs ni d' Jésus qui tiennent, y a la république et y a l' président, et y a plus d' baleines !

L'Amour marin.

UN BEAU RÉGIMENT

Un beau régiment s'en allait à la guerre, — y aura des cloches bientôt.

Y en avait un devant tout couvert d'or brillant, qui ne reviendra pas.

— C'était le fils du roi qui aimait la bergère, qui voulait l'épouser.

Son cœur n'est pas pour lui, il en est désolé, il est pour son ami.

Il est pour son tambour tout habillé de gris, qu'est si beau au milieu.

— « Reviens-t'en, mon ami, tout habillé d'argent, y aura des cloches bientôt ! »

Un beau régiment s'en revint de la guerre, s'en revint des combats.

Y en avait un derrière couché sur un grand cheval, tout couvert de sang.

Et y avait un tambour qui allait lentement, tout couvert d'argent.

— « Ah ! c'est toi, mon tambour !... Est-il mort aux combats ? » — « Il est mort, je l'espère ?... »

— « Avec tout ton argent, on s'mariera gaiement, y aura des cloches bientôt ! »

— « J'en suis bien désolé, ce n'est pas mon argent, c'est des chaînes de fer.

« J'ai tué le fils du roi, bientôt on me tuera, — y aura des cloches, bergère. »

Ballades françaises.

SUR LES JOLIS PONTS DE PARIS

Sur les jolis ponts de Paris, les quais et les ponts, garde-fou, garde-folle, sur les ponts de Paris joli, les quais et les ponts, gardez votre folie.

Elle chante à voix de sirène, la vapeur blanche comme un lys. Léger fantôme, est-ce la reine que mon François chantait jadis ?

Sur les jolis ponts de Paris, les quais et les ponts, mascarons, mascarades, sur les ponts de Paris joli, les quais et les ponts, masquez votre folie.

Tu bâilles au Pont-Neuf, Henri ? je t'invite, mon camarade, sur le quai du Vieux-qui-sourit, à feuilleter *la Henriade*.

Sur les jolis ponts de Paris, les quais et les ponts, courants d'eau, courants d'air, sur les ponts de Paris joli, les quais et les ponts, courez votre folie.

Trottins, rapins, saute-ruisseau, notaires et curés s'empressent... de reluquer le vermisseau, qu'un pêcheur noie, renoie sans cesse.

Sur les jolis ponts de Paris, les quais et les ponts, goujon pris, goujon vole, sur les ponts de Paris joli, les ponts et les quais, pêchons notre folie.

Il est doux de cracher dans l'eau ? Nenni, c'est un plaisir sévère. Pour consoler notre misère, il faut cracher sur les bateaux.

De ces jolis ponts de Paris, des quais et des ponts, miroitant mirlitaire, de ces ponts de Paris joli, des ponts et des quais, mirez votre folie.

L'eau qui passe reviendra-t-elle ? Paris lui *passe* mille anneaux. Foin des attaches éternelles... Le vent m'a chipé mon chapeau !

Sur les jolis ponts de Paris, les ponts et les quais, parapluies, parasols, sur les ponts de Paris joli, les ponts et les quais, abritez nos folies.

Notre-Dame est en grand émoi qui nous fait sonner sa *Marie*... Mon cœur sonne bien plus en moi : tout le Pont-au-Change est fleuri !

Sur les jolis ponts de Paris, les quais et les ponts, fleurs de mai, fleurs frivoles, sur les ponts de Paris joli, les quais et les ponts, fleurissez ma folie !

Chansons à la gauloise.

HENRI III
OU PLUTÔT
CHANSON DE LA ROUTE VERS TOURS

Lorsqu'Henri III s'en fut vers Tours, lorsqu'à Tours s'en vint Henri III, il voyagea nuit plus que jour, l'ombre lui causant moins d'effroi.

Le suivaient, chantant sans vergogne, ses quarante-cinq assassins. Leurs voix rudes par la Sologne lui mettaient un glas dans son sein.

« Maugiron, Saint-Mégrin, Schomberg, — Dieu ! quel chagrin !

« Quélus ! Quélus ! »

gémit le Roi lorsqu'apparaît la lune rouge des marais.

★

Lorsqu'Henri III vint devers Tours, lorsqu'à Tours s'en fut Henri III, au Guise ayant joué maints tours, dont sa mort au Château de Blois,

sur un petit genet d'Espagne, il écoutait lugubrement sonner par toute la campagne la cloche des enterrements.

« Maugiron, Saint-Mégrin, Schomberg, — Dieu ! quel chagrin !

« Quélus ! Quélus ! »

fredonne-t-il suivant le son, le son lugubre du bourdon.

Lorsqu'Henri III voulut entrer, quand pour son entrée vint le Roi, Navarre et Condé bien parés furent au devant d'Henri III.

« Bonjour, cousins ! » ce leur dit-il. Navarre ne répondit pas.

L'incivil en pressant le pas fredonnait *Paris la Grand'Ville*.

« Maugiron, Saint-Mégrin, Schomberg, — Dieu ! quel chagrin !

« Quélus ! Quélus ! »

rêve le Roi. Mais l'incivil fredonne *Paris la Grand'Ville*.

★

Lorsqu'Henri III se vit dans Tours, lorsqu'à Tours se vit Henri III, il se dit : « Je veux faire un tour », comme nous dirions vous et moi.

Il traîna ses pas vers Plessis, la maison noire de Louis XI, tandis que les cloches d'ici battaient, sonnaient de tout leur bronze.

« Maugiron, Saint-Mégrin, Schomberg, — Dieu ! quel chagrin !

« Quélus ! Quélus ! »

pleure le Roi. — Cloches de Tours, sonnez les joies et les douleurs…

Que j'ai de plaisir d'être français.

LE BEAU DUNOIS AU CLAIR DE LA LUNE

Au clair de la lune, mon ami fantôme, vois mon infortune : entrouvre ton heaume.

Je traîne mes pas, cherchant des images, et n'en trouve pas même en ces nuages.

Je n'ai plus de flammes. — « Tu n'a plus de feu ? Viens donc chez les âmes en reprendre un peu.

Foin d'errer tout seul ! Nous sommes grand nombre — traînant des linceuls blancs comme nos Ombres.

Celui qui me parle, amant des bruyères, c'est le pauvre Charles d'Orléans mon frère.

Son ombre poète glisse de travers, tant sa folle tête est mangée des vers.

Où vas-tu, mon frère ? — Chercher dans la nuit un dernier trouvère pour chanter notre huis.

— Tiens, voici Jehanne sous ses gonfanons... Cherches-tu mon âme ? Son casque fait : non !

— Je cherche, en ces terres de bonnes semences, un dernier trouvère pour chanter la France.

— La Hire et Xaintrailles et Florent d'Illiers cherchent mon plumail sous les noisetiers ?

— Point ! notre compère. Nous cherchons ensemble un dernier trouvère... Mais ce vif ressemble auquel ta main bâille une longue plume en argent de lune, prise à ton plumail,

ressemble à Celui que rêvent nos âmes. (Et Charles dit : oui, et oui-da, Jehanne.)

— Viens-t'en ou va-t'en ! » — Je m'en vais, Dunois. Mourir ? J'ai le temps. — « *Fais ce que tu dois.* »

Au clair de la lune, mon ami fantôme, salue ma Fortune, salue de ton heaume !

Que j'ai de plaisir.

CANZONE DU PLUS LONG CORTÈGE

Les souvenirs d'amour sont et seront toujours le long cortège mortuaire de l'Amour.

Tiens !... Seyons-nous sur cette dalle, ma petite. Demain il fera nuit. Demain il fera jour.

Et regardons passer, qui n'ira pas bien vite, la foule suivant le corbillard d'Aphrodite.

Ça durera, ma blonde, jusqu'à la fin du monde.

Si tout l'amour.

BALLADE NAÏVE
BERCÉE ET GRADUÉE
DE L'ÉTERNELLE CHANSONNETTE

Ne sait rien de la politique
le papillon des prés
et non plus rien de la mystique
le grand chêne pourpré,
rien de la mutualité
la fourmilière active,
mais sait tout de la liberté
ma mie cruelle et fautive
d'aimer trop le romanichel
qui lui recoud son soulier,
alors elle sait tout du ciel.
Mais lui tout de son baiser.
Non ! je ne serai point jaloux.
Le furet ne sait rien des loups,
les cendres, si peu de la flamme…
Et le cœur ? ne sait rien de l'âme.
Oh ! si ! car il revient toujours
le grand amour
un jour.

Inédit.

LES AMANTS DE LA LUNE

Ils sont venus des six royaumes de la Chine, de Han, de Hu, de Ha, de Tscheng, de Chou, de Sine ; et des rameurs râblés aux voiles en bambou, des pavillons aux mâts, des proues aux flammes, tout

chantait, sifflant, claquant au vent frais, leur amour (eux-mêmes, les six rois, chantaient comme des merles) pour la lune océane aux yeux de petit jour qui danse, bras levés, sur sa jonque de perles.

Bleu rivage escarpé des falaises frileuses, dont l'herbe tremble jusqu'au bout du crépuscule, ouvrez-vous à ce golfe en tumulte, à ce fleuve noir, crêté de blancheurs, où les jonques circulent.

Des flûtes se sont tues. Les lanternes s'allument sur les jonques palmées aux voiles d'or fantômes. Vers la barre gonflée de phosphoreuse écume naviguent en chantant les rois des six royaumes.

Un tourbillon les happe, et toute la flottille plonge aux abîmes noirs comme des nymphéas… Chine, adieu tes rois ! Seule, et monte et danse et brille, la lune aux bras si purs que chacun d'eux aima !

Dans le souple arc-en-ciel des six Ames Royales de Tscheng, de Chou, de Sine, de Han, de Hu, de Ha, la lune monte et brille et retourne aux étoiles, fuyant le golfe d'ombre où s'enfoncent les mâts.

Fantômes de chaque jour.

LA GOUTTE AU NEZ

J'ai la goutte au nez. C'est mon chic, c'est ma manière. Goutti, goutta, goutte au nez, c'est comme ça que je suis né.

Le lait obstiné de ma nourrice princière, sur mon petit nez en l'air, j'étais mignon mignonné.

J'ai la goutte au nez. C'est mon chic, c'est ma manière. Goutti, goutta, goutte au nez. C'est comme ça que je suis né.

Le coco tourné de mes Enfances premières (ça n'était qu'un sou le verre) me perlait toujours au nez.

J'ai la goutte au nez. C'est mon chic, c'est ma manière. Goutti, goutta, goutte au nez. C'est comme ça que je suis né.

Vins désordonnés ordonnant ma vie entière, pavoisez l'arête fière de ce roc illuminé !

J'ai la goutte au nez. C'est mon chic, c'est ma manière. Goutti, goutta, goutte au nez. C'est comme ça que je suis né.

La goutte fanée de mon nez à tabatière — hé ! mouchez-vous donc, grand-père ! — va bientôt me pendre au nez.

J'ai la goutte au nez. C'est mon chic, c'est ma manière. Goutti, goutta, goutte au nez. C'est comme ça que je suis né.

Goutte au nez j'irai frapper un soir aux enfers. Seul un feu si chaud, si clair, pourra me l'évaporer.

J'ai la goutte au nez. C'est mon chic, c'est ma manière. Goutti, goutta, goutte au nez, c'est comme ça que je suis né.

Chansons à la gauloise.

CHANSON MATINALE DU PRINCE HAMLET

A Mary Marquet.

— Prince Hamlet qui chevauches dans l'herbe du matin, vois-tu la Mort qui fauche la luzerne et le thym ?

— L'ombre de mon amour est tout ce que je vois, les bras rouges de jour, se lever devant moi.

— Vas-tu courir le lièvre ? — Mon amour va plus vite. — Toute l'herbe a la fièvre. — C'est qu'un mort la visite.

— Prince mort qui chemines, où vas-tu, par les prés, cette dague assassine entre tes dents nacrées ?

— Vers la sœur du Soleil qui se noie, à la brume, dans les ruisseaux vermeils, Ophélia la lune.

— Suivi de ta levrette, où vas-tu, prince Hamlet ?... où va ton doux squelette ? et ton chien violet ?

— Mon chien et mon cheval, ce ne sont que des ombres ; je cours de val en val, ombre et cherchant une ombre.

— La Mort suit ton manteau ! — La lune est morte aussi. Regarde-moi : bientôt je ne suis plus ici.

D'une cloche de fer mon âme est le sonneur ! elle appelle aux enfers le prince d'Elseneur !

— Gris fantôme qui bouges dans le brouillard levant, qui rend tes yeux si rouges ? — C'est le souffle du vent.

Fantômes de chaque jour.

LA TRICOLORE

Chansonnette à l'instar
des couplets bons enfants de jadis et d'aujourd'hui
et pour gagner un million d'ici peu.

A Jacques Prévert.

Si tous les gens du monde étaient de mon avis, jamais aucune blonde n'aurait aucun mari.

Car les blondes sont trop fécondes, non, non, je n'en veux pas. Car les blondes sont trop fécondes, non, non, je n'en veux pas.

Si tous les gens du monde étaient de mon avis, jamais aucune brune n'aurait aucun mari.

Car les brunes sont trop communes, non, non, je n'en veux pas. Car les brunes sont trop communes, non, non, je n'en veux pas.

Si tous les gens du monde étaient de mon avis, jamais aucune rousse n'aurait aucun mari.

Car les rousses sont trop farouches, non, non, je n'en veux pas. Car les rousses sont trop farouches, non, non, je n'en veux pas.

Si tous les gens du monde étaient de mon avis, y aurait qu' les tricolores pour avoir un mari, car les blondes on les adore, j'en veux, j'en veux, j'en veux encore,

car les brunes on les adore, j'en veux encore, j'en veux toujours,

car les rousses on les adore, j'en veux encore, toujours, encore,

mais dans une seule — houp ! le mari ! — tricolore de coloris,

si tous les gens du monde étaient de mon avis... Et les auburn ? ça qu'est chic ! — Chiche ?

Les auburn c'est trop english, non, non, je n'en veux pas. Les auburn c'est trop english, non, non, je n'en veux pas.

Je préfère, baiser au bec, tout's les jolies filles de Québec, aux longs cheveux d'amour et couleur de varech.

Non !... préférons surtout les tricolores, eh ! bon ! bon ! y a du bon ! au son, au son, au joli son...

Vive la Tricolore, la France et les chansons !

Empire de France.

CHANSON DU POÈTE IMMOLÉ

Je n'étais qu'un petit poète — (si petit cœur de si petit oiseau) — ils ont dit : Frappons à la tête, comme un bœuf, ce poètereau.

Je n'étais qu'un petit poète — (si petit cœur chantant de si petit oiseau) — ils m'ont nommé, dans leur défaite, bouc émissaire du troupeau.

Je n'étais qu'un petit poète — (si petit cœur chantant du si petit oiseau) — chantant la France en deuil, en fête, si bien, que pour eux c'était trop !

Je fus donc ce petit poète ? — (si petit cœur chantant de si petit oiseau ?) — comme un cerf mort, je suis la bête aux yeux plaintifs changés en eau.

Je n'étais qu'un petit poète — (si petit cœur chantant de si petit oiseau) — ressusciter ? Suis-je mort ? *Être* pour chanter mon pays si beau !...

Je n'étais qu'un petit poète — (si petit cœur chantant de si petit oiseau) — parmi les menteurs et les traîtres : les patriotes ? oui, les faux !

Je n'étais qu'un petit poète — (si petit cœur chantant de si petit oiseau) — la France un jour mettra peut-être un petit coq sur ses drapeaux.

1945.
Contes de ma sœur l'Oie.

SI J'ÉTAIS LE SEIGNEUR D'ICI

DUO

A Pierre Bertin.

La main dans la main, ils chantent d'abord :

ENSEMBLE, ELLE ET LUI

Voyons à qui fêtera mieux la fleur des { filles / garçons } du village.
L'amour frémille dans ses yeux. Son corps en a tout l'équipage.

LUI

Si j'étais le seigneur d'ici, elle en serait la dame aussi.
C'est un chalumeau pour le son. Sa voix aux moineaux fait la nique.
C'est plus aimable qu'un pinson. Elle est tout comme une musique.
Ses prunelles sont de cristal. Sa peau semble une mousseline.
Ses dents sont comme du métal dont on forge la perle fine.
Si j'étais le seigneur d'ici, elle en serait la dame aussi.

ELLE

Quand il m'emporte à son désir sur le gazon dedans la danse,
mes yeux se ferment de plaisir, je ne sais plus à quoi je pense.

LUI

Elle est tout comme un beau grand seigle qui se balance sous le vent.
Elle est comme une pie espiègle qu'a volé mon cœur en passant.
Elle ressemble à la tourelle avec son fenestron fleuri.
Ma jouvencelle, elle est plus belle que marguerites des prairies.
Si plus friande que la fraise est la bouche de ma jolie !
Quand ma bouche sa bouche baise, j'entre tout de suite en folie.

ELLE

Quand il approche et me sourit, je ne sais plus que devenir…

LUI

Et si ma main elle saisit, j'ai peur de mourir de plaisir !
Ses cheveux sont comme forêt où muguet rit sous la fougère,
où mes doigts vont comme furets, où mes yeux défuient la lumière.
Quand je l'emporte vers la danse, que son œil plus doux que le ciel
un regard d'en dessous me lance, ah ! dans mon cœur j'ai sucre et miel !

ELLE

Lui ! il est beau comme un navire qui vogue dessus l'océan.
Quand devant moi soudain il vire, je me pâme tout à l'instant.
Lui ! il est encor bien plus beau que la plus belle des montagnes.

Il est mon grand, mon beau château, si clair au mitan des campagnes.

LUI

A son menton dans la fossette, à sa bouche dessous son nez,
de son oreille à la languette, ne sais où nicher mon baiser.
Quand elle vient seule, pardi ! je crois voir l'ange Gabriel
qui descend de son Paradis, qui met dans mes bras tout le ciel !
Si j'étais le seigneur d'ici, elle en serait la dame aussi.

ELLE

Ses pieds sont comme les piliers de notre église tant jolie,
sa tête en est le fier clocher, ses yeux les verrières fleuries.
Si j'étais la dame d'ici, il en serait baron aussi.

ENSEMBLE

Voyons à qui fêtera mieux la fleur des { filles / garçons } du village.
L'amour frémille dans ses yeux. Son corps en a tout l'équipage.

LUI

Si j'étais le seigneur d'ici, elle serait ma dame aussi !

ELLE

S'il était un roi par ici, je serais bien sa reine aussi !

Bol d'air.

MADRIGAUX ET ROMANCES
ODES ET ODELETTES

NAÏVE BALLADE DE MON PREMIER AMOUR

J'aimais comme on n'aima jamais lorsqu'on va sur douze ans à peine. Fée d'album ! traînant désormais sa robe en moi, reine des reines !

Fut-elle belle ? oui ? J'ai grand' peur que ce ne fut qu'en ma cervelle... Mais elle était pour moi très belle. Je lui avais donné mon cœur.

Hélas ! je ne sais plus son nom. Était-ce Anne ? Urgèle ? ou Ninon ? Mal dessinée, mais en couleur, je lui avais donné mon cœur.

Inédit.

LE JET D'EAU DU LUXEMBOURG

Au ciel de mes quinze ans ou du moins aussi bleu, fusée de souvenirs, offre-toi, jet d'eau blanc.

Cette gerbe est pour vous, Manon des jours heureux, pour vous cette autre, eh ! oui, Jeanne des soirs troublants.

Plus souple vers l'azur et déchiré de sylphes, voilà tout un bouquet de rosée pour Thérèse :

où donc est-il son fin petit nez qui renifle ? au paradis ? eh ! non, cendre au Père-Lachaise.

Plus haut cet arbre d'eau qui rechute pleureur, en saule d'Ophélie, est pour vous, Amélie,

et pour vous, ma douceur, ma douleur, ma folie, Germaine Tourangelle, ô vous la plus jolie,

le fluide arc-en-ciel s'égrenant sur mon cœur.

Bol d'air.

CHANSONNETTE DE LA RAISON D'AIMER

Viens à moi puisque je t'aime, — c'est là toute ma raison. En serait-il à foison pour résoudre un tel problème ?

Moi ? non, je n'en sais pas d'autre ! Mettre un nez de mi-carême pour faire le bon apôtre ! le galant ? le Nicodème ?

Je préfère à ces façons, chargeant tout dru le canon, tirer un boulet suprême. — Et quel ?... — Mon cœur, sacré nom !

Viens à moi puisque je t'aime. — Ah ! tu voudrais que j'expire. Danger ! la ligne de tir. — Un jour tu mourras quand même.

Viens à moi puisque je t'aime !

Inédit.

CHANSONNETTE DE L'ACCORD FACILE

Mon enfant, ma sœur…
Baudelaire

Écoutez, mon enfant, ma sœur, vous tournez autour de mon cœur.

Va-t-il falloir que je vous aime ? Que suis-je ? un être ? ou non un être ?

Ne cherchez point à me connaître. Je ne me connais pas moi-même.

— Eh bien ! je vous présenterai à vous-même et vous aimerai.

Inédit.

BALLADE DU BEAU HASARD

A moi le beau hasard dont j'ai su profiter et dont jusqu'à la mort je veux rester hanté, Germaine, eh ! oui, toi-même !... — Il nous reste à savoir avec quel art, l'un ? l'autre ? on aida le hasard. La première rencontre — était-ce dans les nues ? — avant notre naissance est de nous inconnue. La seconde ce fut *Closerie des Lilas,* face au Maréchal Ney foudroyé là, hélas ! Derrière sa statue un Cupidon vainqueur tirait de l'arbalète et perça nos deux cœurs de légers et longs dards, tout à fait par hasard ? Je n'en crois rien. Toujours il vise aux cœurs l'Amour... O le subtil gaillard !

Inédit.

BALLADE DU CŒUR DE MA MIE

Ma résidence est là : j'y travaille et j'y rêve. Là, jamais, ni l'amour ni le ciel ne s'achève. Asile où bat la Vie — oui ! la vie de ma mie ! — asile où bat mon cœur je te nomme en un vers : « Palais divin, lumière et paix de l'univers. »

Inédit.

BALLADE PRUDENTE DES APPROCHES

« M'aimeras-tu beaucoup ? » dit encor ta missive.

Un tel doute m'afflige et veut que je t'écrive.

Et je t'écris : « Bien sûr… je t'aimerai peut-être… »

Et l'ombre de ma main signe avec moi la lettre.

Inédit.

CHANSONNETTE EN RÊVE DE L'AMOUR HÉSITANT

L'autre ou bien elle, en France, ou la blonde ou la brune ? Tout un jour d'espérance choisir dans le silence.

Mon cœur balance.

En France, on nous verrait. Vos bois sont plus discrets, Florence ou Pampelune. La brune disparaît ?

Mon cœur battait.

Hésitation, recule ! En songe, dans la lune, venant de l'une et l'une, baisers au crépuscule.

Mon cœur bascule.

Inédit.

BALLADE DES BATTEMENTS D'UN CŒUR

Crie au secours mon cœur ! J'aime comme une sœur qui m'aime encor d'amour. Battements sans ferveur. Meurt un cœur. Un cœur meurt. Ça se voit tous les jours. Plutôt cela s'entend ! Pourtant je l'aimais tant.

Inédit.

SOUVENIR

Pour t'avoir vu sourire, ô brune et rose plaine, entre la lune blonde et le couchant doré, j'ai cru revivre un peu ces moments adorés où Suzon souriait entre les deux Hélènes.

Le soir a ruiné ma belle rêverie. Entre les deux lumières la plaine s'est voilée... La brune loin des blondes, hélas ! s'en est allée. Un soir vint effacer son jeune et doux sourire.

Les lunes, les soleils, enchanteurs de tes plaines, le sourire des belles et leurs cheveux dorés, un soir, un plus grand soir, qui viendra les pleurer, ô Nature, dis-moi, si rien n'est éternel ?

Idylles antiques.

LA RENCONTRE

La belle aux yeux verts, qui n'est pas marine, et qu' j'ai rencontrée un soir que j' rêvais et qu' j'étais allé loin dans les salines, à peu près ousque commencent les champs de blé,

elle portait une gerbe noire sur l'épaule, où ses cheveux dorés couraient à p'tits flots, et me regardant par d'sus l'épaule, fut effarouchée d'un si noir matelot.

Elle courut, j' courus, si bien qu' nous tombîmes, elle sur une meule, moi sur elle à peu près, et la meule sur nous, roulant l'un sur l'autre, et qu'elle a crié comme dedans un crime !

Pour mater une fille, y faut être câlin. Suffit pas d' l'avoir, faut l'apprivoiser. — Si bien qu'elle s'est tue, puis dans un baiser : « Je n' suis pas marine, mais y a qu' les marins ! »

J' suis parti, alors, tout comme j'étais v'nu, elle s'en est allée où fallait qu'elle aille, tous les deux contents, les cheveux pleins de paille, — elle, pour m'*adieuser,* levant ses bras nus.

Et j' la r'verrai plus. Elle est des villages. Le bon Dieu, comme ça, y veut des rencontres, y fait des amours, et puis y vous lâche. C'est le p'tit Jésus qui s'fout du monde.

C'est le p'tit Jésus qu'on appelle Amour et qui a des ailes au musée d'Quimper, et qui vient d' voler d'un autre tableau, où il dort tranquille au giron d' sa mère.

La belle aux yeux verts, qui n'est pas marine, ah ! je m'en souviens toujours, j' m'en souviens ! elle portait une gerbe de blé sur l'épaule, et me regardait par d'sus l'autre épaule.

L'Amour marin.

PARIS SENTIMENTAL
OU
LE ROMAN DE NOS VINGT ANS

I

LA RENCONTRE
(Boulevard Sébastopol)

La petite aube rosit le sol et les lettres d'or aux balcons. C'est le boulevard Sébastopol, la gare de l'Est à l'horizon.

J'ai dû passer toute la nuit à promener mes petits ennuis. Je n'étais plus content de vivre. Alors, j'ai voulu prendre froid.

Du soleil au cœur, c'est dans les romances. Eh bien, mon cœur s'est réchauffé : j'ai vu dans un ciel bleu de France voguer des nuages rosés.

Je vois en rose les maisons noires. Les arbres sont roses, l'air est rose. Il a plu, tous les toits sont roses. Le ciel se mire sur le trottoir.

J'entends mon cœur, voici l'aurore ! voici des fleurs aux marronniers, sur le boulevard Sébastopol infiniment pur et léger.

La gare de l'Est brille, et tout brille, la flaque où je pose le pied. Je ris comme cette petite fille, de la boue rose à ses souliers.

Je n'ai plus froid, je ris, je cours. Ah ! qu'on est leste au point du jour ! Je poursuis une petite fée qui patauge dans des clartés.

Il n'est plus question de mourir. Je vois flamber l'or des enseignes, rougir les arbres et l'air rougir. J'ai chaud à ravir, et je t'aime,

ô petite fille qui patauge par toutes les roses du trottoir, et j'oublie, douce fée de l'aube, toutes les mauvaises filles du soir.

Un baiser, oui ! et je te donne toutes les roses de ce beau sol et les lettres d'or des balcons, et le boulevard Sébastopol, la gare de l'Est à l'horizon !

Triomphe !... à ce baiser ravi, les maisons luisent jusqu'au faîte. — Accepterez-vous, d'un poète, la Rose ardente de Paris ?

et les ailes d'or de la Victoire sur la fontaine du Châtelet ? et ses deux couronnes à la gloire de notre amour, si tu voulais ?

Paris sentimental.

II

PREMIER RENDEZ-VOUS

(Square Monge)

Ivresse du printemps ! et le gazon tourne autour de la statue de Voltaire. — Ah ! vraiment, c'est d'un beau vert, et c'est très joli, le square Monge : herbe verte, grille et bancs verts, gardien vert, c'est, quand j'y songe, un beau coin de l'univers. — Ivresse du printemps ! et le gazon tourne autour de la statue de Voltaire.

Et c'est plein d'oiseaux dans les arbres pâles, où le ciel ouvre ses fleurs bleues. — Les pigeons s'aiment d'amour tendre. Les moineaux remuent leur queue. J'attends... Oh ! je suis heureux, dans ce délice de l'attendre. Je suis gai, fou, amoureux ! — et c'est plein d'oiseaux dans les arbres pâles, où le ciel ouvre ses fleurs bleues.

Je monte sur les bancs couleurs d'espérance, ou bien je fais de l'équilibre... sur les arceaux du parterre, devant la statue de Voltaire. Vive tout ! vive moi ! vive la France ! Il n'est rien que je n'espère. J'ai les ailes de l'espérance. — Je monte sur les bancs pour quitter la terre, ou bien je fais de l'équilibre.

Elle a dit : une heure ; il n'est que midi ! Aux amoureux l'heure est brève. — L'oiseau chante, le soleil rêve. Chaque fois qu'Adam rencontre Eve, il leur faut un paradis. Derrière la grille, au soleil, l'omnibus y pense engourdi. — Elle a dit : une heure ; il n'est que midi ! Aux amoureux l'heure est brève.

Devant la statue, un chat blanc, un jaune, — et le jaune, c'est une chatte ! — roulent, s'éboulent sur le gazon chaud, se montrent les pattes, miaulent, se battent. Le soleil étire doucement ton sourire, ô mon doux Voltaire, ô bon faune. — Devant ta statue, un chat blanc, un jaune, roulent, s'éboulent, se montrent les pattes.

Les arbres s'enfeuillent au chant des oiseaux. Le bourgeon de mon cœur éclate ! — Et je vacille rien qu'à voir les diamants de l'arrosoir envelopper l'herbe d'une bruine. Un arc-en-ciel part de l'échine du philosophe, et va trembler dans les branches d'un marronnier. — Les arbres s'enfeuillent au chant des oiseaux. Le bourgeon de mon cœur éclate !

L'azur est en feu : un chien flaire un chien sous le banc où dort le gardien. — Une petite fille saute à la corde, et sur son ombre, et d'autres et d'autres. Je vois leurs ombres, sur l'allée, ou s'élargir ou s'affiner. Et tout ça chante à qui mieux mieux : « Au petit feu ! au grand feu ! c'est pour éclairer le bon Dieu ! » — L'azur est en feu : un chien flaire un chien, sous le banc où dort le gardien.

Voici le marchand de coco musical, chargé de ses robinets d'or. — Ses robinets sont des serpents, d'où gicle son coco sonore dans les timbales des enfants. Rafraîchissons notre luxure : vite ! pour un sou de ta mixture, Laocoon étincelant. Je bois à toute la Nature, je bois à ton bronze bouillant, toi qui souris de l'aventure, ô vieux Voltaire, ô doux méchant. — Voici le marchand de coco musical. Ses robinets sont des serpents.

Ah ! printemps, quel feu monte de la terre ! quel feu descend du ciel, printemps ! — Devant la statue de Voltaire, j'attends ma nouvelle Manon. Et cependant qu'elle tarde, Voltaire, assis, est patient : je regarde ce qu'il regarde, une pâquerette dans le gazon. J'attends — J'attends, ô ciel ! j'attends, ô terre ! sous toutes les flammes du printemps !

Deux heures. Éparpillons cette marguerite. « Un peu beaucoup, passionnément... » — Passionnément, petite Manon, viens vite, accours, je t'en supplie. — Hé ! toi, tu souris d'un sourire à me rendre fort mécontent. Sale encyclopédiste ! — Oh !... La voici sous toutes les flammes du printemps !...

Et les arbres tournent et le gazon tourne autour de la statue de Voltaire. — Décidément, c'est d'un beau vert, c'est délicieux, le square Monge : herbe verte, grille et bancs verts, gardien vert, c'est, quand j'y songe, un beau coin de l'univers. — Je monte sur un banc couleur d'espérance. On doit me voir de toute la France !

Paris sentimental.

IV

L'AMOUR AU LUXEMBOURG
(Crépuscule d'été)

Le couchant violet tremble au fond du jour rouge. Le Luxembourg exhale une odeur d'oranger. Et Manon s'arrête à mon bras : plus rien ne bouge, les arbres, les passants, ce nuage éloigné.

Il n'est plus une fleur où l'air lourd ne se pose, et qui ne sente en elle un cœur battre et mourir, un cœur d'air étouffant sa corolle ; et les roses défaillent vers la terre, sous le poids du zéphyr.

Il semble que le monde entier n'ait plus qu'une âme. La poussière du jour retombe parfumée ; et le bassin respire un jet d'eau qui se pâme et, sur sa propre image, en mourant, vient chanter.

Tout meurt, et tout renaît pour une vie chantante, aromatique, éparse et mêlée aux nuances, et comme dans la bouche un fruit délicieux, les arbres veloutés me fondent dans les yeux.

Et le jet d'eau s'est tu : c'est la rosée qui chante, là-bas, dans les gazons où rêvent les statues, et pour rendre, ô sens-tu ? la nuit plus défaillante, les orangers en fleurs ont enivré la nue.

Manon, près de mon cœur, et devant tout l'espace que prennent les étoiles pour graviter vers nous, de vos beaux yeux voilés, Manon, regardez-vous flotter dans la nuit bleue la blancheur des terrasses ?

C'est aux lueurs dernières que l'ombre est embaumée, et Manon sur mon bras couche son front pâmé, et je lui crois une âme en cette heure irréelle, lui faisant une part dans l'âme universelle.

Que cherchez-vous, Manon, qui relevez la tête, et que rêver de plus à notre enchantement ? Paris entre les feuilles s'illumine peut-être. La vie est où nous sommes, et c'est Paris qui ment.

Viens trouver dans mes bras le plus doux des séjours. N'est-ce pas, leur bercement, qu'il ajoute au silence ? Dans tes yeux agrandis, dans tes yeux où tu penses, je vois le ciel d'étoiles sur tout le Luxembourg !

Oh ! si c'était, ce soir, le plus beau soir du monde, ou que le monde ne fût créé que pour cette heure ! Comme deux nuages d'orage nos deux cœurs se confondent. Oh ! défaillir d'amour, ton cœur contre mon cœur.

Lointaine, à Saint-Sulpice, une cloche résonne. — « C'est rue de Médicis, Paul, que l'on va *manger ?* » — L'ombre s'accroît. Aux doux parfums des orangers se mêle la senteur amère des géraniums.

Paris sentimental.

VI

BULLIER

Béguins d'une heure, amours d'amants, porte-monnaie et sentiment.

Bullier, dont le style ottoman, fleuri de globes électriques, plaît à toutes les demoiselles de la Taverne du

Panthéon, Orient pour vingt sous, harem où l'odalisque est à cinq francs, quand ce n'est pas la mi-carême, Bullier, dans son style ottoman, accueille tous les sentiments des enfants de la République, sous sa colonnade électrique.

Amours d'un soir, amours d'un an, béguins d'une heure ou d'un moment, passionnettes d'étudiants, caprices des futurs notaires, — porte-monnaie et sentiment, ah ! folies des huissiers enfants ! si ça durait la vie entière, ça ferait-il plaisir aux parents ? — Mais écoutez cette misère : le coup de foudre, à en mourir, de ce vieil aspirant docteur pour la petite Esméralda. « Souviens-t'en ! l'on jouait *España!*... Depuis ce jour-là, mon cœur saigne... » Il n'en mourra pas cependant, il nous fera mourir plus tard, sous un coup de foudre de son art. — Béguins d'une heure, amours d'amants, porte-monnaie et sentiment. — Et les gros lots de la déveine : ces glorieuses passions d'un an, et les collages, les collages, tous les collages comme du beurre sur une tartine d'enfant, que l'on se coupe chaque jour, dans le pain mollet de l'amour !

C'est à Bullier que je scintille, moi, Grand-Maître des Sentiments. J'y mène mon chapeau Rembrandt, et ma cravate en foulard noir où l'effigie d'un César brille, faisant bien ressortir la soie, et ma redingote à l'instar d'un Berlioz ou d'un Delacroix, d'un Hamlet de dix-huit cent trente menant sa peine à la Courtille, et mon amertume indolente à chercher Manon qui me fuit, car mon ombre sur l'escalier, quand je descends, noir, dans Bullier, traîne à mes pas comme le suit le manteau de Mounet-Sully !

Orient pour vingt sous, harem fleuri de globes électriques, où l'odalisque est à cinq francs, quand ce n'est pas la mi-carême, Bullier, dans son style ottoman, accueille tous les sentiments des enfants de la République. — Je ne dis rien de la musique.

Elle est ce soir bien entraînante... Aussi bien, il m'en faut parler. Et tenez, l'on joue *España!* Bullier autour de moi tournoie, ou du moins devrait tournoyer. Mais ventre à ventre et jambes dans jambes, les demoiselles du Panthéon, avec des rapins ou des nègres (comme avec les futurs intègres magistrats de nos Parlements) dansent le boston mécanique. Un boston sec comme un coup de trique. Les bras dans l'air font un levier. Ah! plus de chahuts héroïques, à décrocher la lune, du pied! Mais l'air de ne pas avoir l'air. On est américain, *my dear*. Et puis, à quoi bon se hâter? Nous ne sommes pas épileptiques. « Conspuez, conspuez les hystériques! » Sous la colonnade électrique on soigne sa petite santé.

Seule, Manon s'en donne à cœur joie sous son chapeau de roses blanches. Elle passe de bras en bras. Comme elle y pâme, tournoyante! Elle est offerte à qui voudra. C'est celui-là qui la renverse, et le parquet tourne autour d'eux. Inutile qu'on la soutienne, elle est déjà dans d'autres bras, et finit dans les bras d'un nègre, pris d'un tremblement amoureux. Un baiser de ces larges lèvres... et Manon lève ses yeux bleus vers un front énorme et luisant où les gouttes de sueur sont d'argent. « Les baisers de nègre, ça se rend! On dit que ça porte bonheur. » Manon se hausse sur les pointes et, d'un coup de tête joli, redresse un peu les roses blanches qui lui tombent à l'Ophélie. Une tête crépue se penche sous l'étreinte de ses dix ongles, et Manon, la bouche en cœur, décolore ses lèvres peintes sur l'énorme front en sueur. — « C'est bon! je danse et m'acoquine avec toi, Jeanne la Rouquine. — Hein? tu l'as vue contre son nègre? Faut-y bien l'aimer, le cirage? Ça ne fait rien, faut du courage. — Ah! oui, je sais, ma douce enfant, je ne suis noir que de vêtement. Tous les nègres sont des sultans. »

Béguins d'une heure, amours d'amants, porte-monnaie et sentiment. Ici les nègres sont les sultans.

« Mais viens-t'en, Jeanne la Rouquine, ah! viens sous ces bosquets charmants. — Non! la poésie m'enquiquine. — En douté-je, ma tendre enfant ? Tes cheveux roux sont ravissants. Viens sous la grotte : elle est bleu sombre... Tu mets tes doigts dans ma cravate ? Je ne suis pas une colombe. Allons, Rouquine, à bas les pattes ! Non, laisse-les. Sous tes doigts blancs, vois, mon César brille dans l'ombre. Ton teint de morte est surprenant. »

Un coup de feu tonne dans la salle. « Rouquine, sens-tu ?... Ça sent la poudre. » Mais la Rouquine est toujours pâle. D'autres pâleurs se précipitent et vont se perdre dans la foule, arrêtée, net, avec l'orchestre, en plain boston et sur ses gestes. — Vous en revenez, vous ? Qu'y a-t-il ? — *Miserere !* Ainsi soit-il ! C'est le vieil aspirant docteur, vous savez bien, qui s'est tué. — Ah, ah, ça n'est pas ordinaire. — Là-bas, près du tir, il saigne... Il n'a pas fini son cocktail. Esméralda buvait un gin. Ils se sont dit des saletés. » Ah ! pensai-je, des choses mortelles. Et je repris cela très haut, car c'était vraiment le bon mot. — « Le voilà bien, le coup de foudre ! Près du tir, n'est-ce pas ? c'est payé », fit tout à coup Jeanne la Rouquine, puis elle courut les bras levés. — « Esméralda buvait un gin. Ils se sont dit des saletés. Cela pique ma curiosité. » — Quand j'arrivai auprès du sang, Manon était au premier rang. Alors je vis des roses blanches pendre sur un sourire d'enfant.

Amours d'un soir, amours d'un an, amours d'une heure ou d'un moment : sous sa colonnade électrique, Bullier, dans son style ottoman, accueille tous les sentiments des enfants de la République !

Paris sentimental.

AMOURS D'UN SOIR
(Taverne du Panthéon)

I

J'ai trompé Manon qui m'avait trompé, — elle par distraction, et moi par vengeance.

C'est à la Taverne que la chose se fit. Quelqu'un m'y aida : c'est Jeanne la Rouquine.

Tout le monde l'a vu, tout le monde le sait, la chose n'alla guère plus loin qu'un baiser.

Alors, méritais-je la mélancolie d'être par tout le monde félicité ?

Alors, méritais-je la félicité d'entendre Manon m'approuver à l'oreille ?

II

— Où sont-ils, les amoureux d'autrefois ?... Au clair de lune, dans la vapeur des bois.

Je t'entraîne, tu m'entraînes. Où ? A la Taverne, montrer notre amour par le temps qui court.

Faut-il se connaître depuis bien longtemps, pour s'aimer des yeux devant un cocktail ?

La vie n'est pas si grave et c'est mieux d'en sourire... Ton regard se voile, ma poitrine soupire.

Jeanne ! tu ne dois pas plus faire attention à moi que si je n'étais point là les yeux sur ton cocktail.

Je songe au clair de lune, à la vapeur des bois, au mystère, à l'amour, aux amours d'autrefois.

Tiens, levons-nous ensemble et renverse ton verre. Il faut qu'on nous regarde sortir dans la fumée, ma bien-aimée !

J'ai failli crever de mélancolie, en écoutant John qui jouait du banjo...

Avec John son nègre, Manon nous a vus. Embrasse-moi, Rouquine, au clair de la lune !

— Où allons-nous ? — Nulle part. Redescendons au bar. Je voudrais qu'ils nous voient rentrer dans la fumée, ma bien-aimée !

Paris sentimental.

LA SEULE ROMANCE

Amuse un cœur, déchire un cœur. Moi, je regarde ton sourire. Et que m'importe la douleur de tes amants ? ils sont là pour souffrir.

Ils ont pris toute la souffrance et ne m'ont laissé que le bien. Qu'ils adorent, sans espérance, un cœur si jeune et si léger que rien !

Pour moi, l'amour que je te porte, ce n'est qu'un petit courant d'air, entre le mur tiède et la porte de ton cœur jeune à mon cœur entr'ouvert.

Paris sentimental.

APRÈS LA MORT DE LA PETITE

Moi, je l'ai su après — tu me l'avais caché — que ton père était mort sur l'échafaud, petit verglas ! J'aurais bien dû le comprendre à tes sourires.

J'aurais dû le deviner à tes petits yeux, tes petits yeux battus de sang, à ton bleu regard indéfinissable, papillotant et plein de retenue.

Et moi, qui avais toujours l'air de te dire : « Mademoiselle, voulez-vous partager ma statue ? » Ah ! j'aurais bien dû comprendre tes sourires, tes yeux bleus battus de sang et pleins de retenue.

Et je t'appelais comme ça, le petit verglas, — que c'est bête, un poète ! — O petite chair transie ! Moi, je l'ai su après, que ton père était mort ainsi…

Pardonne-moi, petit verglas. — Volez les anges !

Paris sentimental.

VERS UN NOUVEL AMOUR

Viens — mais ne va pas plus loin que mon désir — je te dis viens — mais reste un appât au plaisir. Si tu veux être aimée, être tout l'avenir de celui qui te veut, en quasi repentir il faut te retenir — avant de consentir.

Inédit.

Extrait de *Margot mon Page*.

C'EST BIEN ! NOUS PARTIRONS...

C'est bien ! Nous partirons, belle, vers l'aventure ancienne et toujours nouvelle aux amoureux. Le bleu drapeau des bois claque au ciel pour nous deux. A notre gloire un mont perd des oiseaux d'azur.

Profitons des amours acquises, et de nous-mêmes. Nous aimons en un monde où tout fut adoré. Mais va, nous fixerons le noble point extrême où s'arrêta l'amour après nous être aimés.

Marguerite, vois-tu comme un souple regard des deux fleurs de ton cœur, tes grands yeux sur le monde, a tout changé déjà ; les muses de Ronsard, de Dante et de Pétrarque s'endorment dans leur ronde.

Pur, malgré leur amour exténué de tendresse, l'air est fait de l'haleine de tous les amoureux. Pour moi tu le captures en déployant tes tresses à travers quoi l'aspire mon moulin de baisers.

Midi. Le coq doré sur le clocher d'ardoises brille en tête d'épingle entre tes clairs cheveux et l'air magique et doux les ornes d'un village, en peine de corail, sous ta nuque azurée...

Ile-de-France.

J'AI VU NAÎTRE SANS TOI...

J'ai vu naître sans toi ce jour mélodieux, couleur de tourterelle, où tous les gris roucoulent, entre ces nues d'argent, douces, nageant aux cieux et ces buées des champs qui filent leurs quenouilles.

Sur la source aux roseaux glissaient comme en magie le vol des libellules poursuivi des courlis : j'ai pu (sur mon épaule un saule encore glisse) être vu des regards de cent myosotis.

Ah ! tout ce que j'ai vu dont tu serais jalouse ! Les tailles des bouleaux quels zéphyrs les flattaient ! Ah ! tout ce qui me vit dont tu serais jalouse ! Beaux yeux de la rosée où je me reflétais !

Hélas ! j'ai vu sans toi, Marguerite aux cils clairs, que tu laissas tomber pleins d'ombre sur tes yeux, après l'obscur plaisir qui nous fit un seul dieu, monter le diamant du soleil dans l'éther.

Mais je te reviendrai plus vif et pur encore d'avoir été dans l'aube un satyre argenté. Dors, petite faunesse, rose en tes cheveux d'or, et que de noirs velours flottent sur ta beauté.

Ile-de-France.

LE CHASSEUR

Je reviens d'un grand voyage et du fond du paysage, gai chasseur chassant au ciel, ruminant des ritournelles.

Taïaut! taïaut! sur mon dos j'apporte la venaison... peu nombreuse, mais taïaut! c'est beaucoup pour la saison.

Margot dans sa maison rose, lumineuse de son espoir, joue du Crieg ou quelque chose que j'entendis hier soir.

Fusil à l'épaule j'entends déjà cette musicienne. Sous les hêtres, s'abritant, le jour ferme ses persiennes.

Le vent bourru de l'automne secoue la barrière verte... des pétales de géraniums entrent par la porte ouverte...

Une errante bague éteint ses feux sur les touches d'ivoire, sur un thème de Chopin, sur mon cœur et sur le soir.

Et la bague tombe en l'ombre de ma joueuse éphémère, comme derrière le bois sombre le soleil est sous la terre.

Un cri joyeux te réveille, poussé d'instinct par ton cœur. Je suis là, contre la treille, en costume de chasseur.

Alors des trilles nouveaux, fous, inconnus d'aucuns maîtres, simulent des moqueries d'oiseaux... vers mon grand fusil peut-être?

Mais à ta menotte en fièvre, tremblante aux derniers rayons, qui bleue et blanche se lève, sifflant, je présente un lièvre.

« Oh ! combien vous coûta-t-il, Nemrod ? — Hum !... Ainsi soit-il. Au foyer quelques sarments. Et sois-je pendu si je mens. »

Le ciel lance une émeraude du sud au septentrion. « Un lièvre, eh bien oui ! Nemrod ? Pour une autre fois un lion. »

Et je boude : « Joue du Lecocq. » Je pique mon œuf à la coque. Je reviens d'un grand voyage et du fond du paysage.

Ile-de-France.

CLAIR DE LUNE

Tremble comme un tremble. Contre mon cœur sois un rayon qui tremble doux comme la soie.

D'albâtre et bleuâtre est ma *déité*. Les lapins folâtrent dans la nuit d'été.

Le perron est pâle. Ta nudité choit dans mes bras, étoile filante sur moi !

Margot, que ton cou glisse avec ta hanche. Les lapins partout lèvent leur queue blanche.

Tout hurluberlue, qui se prend à rire à ces points de mire des flèches de la lune ?

Ile-de-France.

LA FUGITIVE

Je vous quitte — adieu ! adieu ! mes parents !
Au sein de la folle nuit voilée,
sur le chemin glissant du printemps,
je m'en vais de ces lieux, exilée…
Je m'en vais, cœur, âme, liée
heureuse et morte
au bien-aimé !
La porte qui n'est plus fermée,
vous entendrez gémir la porte…
Je me sauve en compagnie d'un autre.
La voiture est sur la côte et saute de pierre en pierre :
je ne veux plus rien regarder.
Adieu mes doux beaux fronts ridés !
C'est vrai… je vous quitte… les vieux…
Derrière mon cœur tout va disparaître.
Quand reviendra-t-il ici, le malheureux !
Et mon âme et ce corps et mes yeux ?
Mes yeux qu'il brûle de son feu,
de sa lèvre enflammée,
le bien-aimé !
Quand je reviendrai dans ces lieux,
quand je reverrai cette maison,
deux choses, une seule peut-être,
deux choses me reconnaîtront,
la palissade mouillée de l'enclos
que je mouillais de mes sanglots,
la borne extrême de nos champs
d'où partaient vers lui tous mes chants.
Un saule, un if s'élèveront
sur les joues blanches de mon père,
sur la chair de ma douce mère,
et je ne reconnaîtrai plus rien
que dans la nuit l'aboi des chiens.

Tous mes vêtements sont pliés.
Je n'ai pas refermé la porte.
Je m'en vais, cœur, âme, liée
heureuse et morte
au bien-aimé !

Chansons à la gauloise.

HÉLÈNE TOURANGELLE

1

De ce parc bien boisé, des gazons que nourrit une vapeur d'hiver, aux portes de Paris, admirant les lointains dessous les arbres vieux (ses mille toits qui fument bleuissaient la banlieue),

nous vîmes le soleil du soir nous regarder. Or, il semblait l'œil enflammé du Dieu biblique. Un triangle de nues l'entourait. Vous me dites : « Approuve-t-il ou non notre couple attardé ? »

Que répondre ? Il baissait sa paupière de soie. De cet assentiment se fit l'ombre des bois. Lors il fut, mon Hélène, en silence *accordé* que c'est moi qui vous aime et vous qui me cédez.

2

Hélène tourangelle, au printemps, mon Hélène, irons-nous marier ces fiers dons de nos cœurs, votre amitié, la mienne, épars notre bonheur du vaporeux soleil au gazon de Touraine ?

Un doux jour verrons-nous, à fin jour, à mi-soir, verrons-nous, un doux soir, au crépuscule des sables, sur un bac passant l'eau de votre belle Loire, de l'amitié pensive naître l'amour durable ?

Hélène tourangelle, à l'heure qu'au ciel vert tinte la cloche et pâment les oiseaux blancs ou noirs, qui vont, ailes et cris, frôler les deux déserts du sable fluviatile et ses flaques de moire,

chère Hélène, aurons-nous, de nos mains *accordées* sur votre jupe, et toutes frileuses ô mon Dieu ! le bonheur d'échanger le grand serment sacré, rapprochant en tremblant les larmes de nos yeux ?

3

François Ier, sa Dame et leur blanc Chenonceaux mêlant son contour noble au ciel fin de Touraine, pourquoi donc, vous envisageant, ma pure Hélène — je dis au pur visage — se lèvent-ils d'eux-mêmes dans le rêve que l'âme puise à vos yeux si beaux ?

François Ier... Diane... Est-ce votre profil, sur tous favorisés, que vous penchez ainsi vers l'ombre où va baignant ce nez divin quasi, est-ce votre profil ou cette taille agile

de Chasseresse (hé quoi ! vous l'êtes dans vos champs de Sully, dans vos bois-taillis des Bordes, quand — le cor vous faisant suivre un daguet à la trace jusqu'au décor lugubre où s'arrête la chasse — vous errez toute rouge en l'ardeur du couchant)

est-ce votre profil ou votre taille souple et haute, ou vos yeux verts mouillés d'argent songeur, ou bien plutôt ces mains crispées sur votre cœur, comme après un poison bu, mon amour sans doute ?

est-ce l'un, l'autre ou l'autre qui m'évoque en tableau : Diane et son François rentrant à Chenonceaux un soir d'automne, sur le même cheval au galop ? Ah ! c'est votre visage seul, ô tourangelle !... Ah ! visage vraiment français, — figure belle.

4

Jardin du Luxembourg où j'attends cette Hélène, reconnais-tu mon pas guerrier, mon orgueil sombre ? Ton poète n'est plus qui traîne ainsi son ombre, d'arbre en arbre, de banc en banc, de Reine en Reine.

Autour de moi chante un nouveau printemps d'amour. M'en fut-il un plus triste au cœur du Luxembourg ? Que j'ai vieilli, Fontaine, où je vois se laurer des reflets noirs du lierre un front désespéré !

Le bruit des feuilles bat ma poitrine oppressée. Il tombe sur mes bras des palmes d'ombres vertes — cela pend jusqu'aux pieds du vieux guerrier lassé. Viendra-t-elle au bouquet de ces ombres offertes ?

Le Luxembourg est là !... jardin de mes beaux jours... Hélène passe et tout le grand jardin s'efface. Puis d'arbre en arbre il reparaît : ma vue est basse, rien n'est plus, à son tour ce rêve est effacé.

Arbres, ce ne sont point vos ombres qui se penchent vers l'eau morte à mes pieds et si sombre et si triste. C'est mon printemps, c'est ma jeunesse — ô fleurs !... ô branches !... — qui se noie dans la Fontaine de Médicis.

5

Que faites-vous là-bas, reine de mes tristesses, dans vos taillis des Bordes, Hélène chasseresse ? Courez-vous bien le cerf ? êtes-vous rouge à souhait lorsque entre ses piqueurs votre Maître apparaît ?

Avez-vous oublié mes serments de naguère chuchotés sur un cœur... — Vos bois sont-ils plus verts que, dans notre banlieue, ces gazons que nourrit une vapeur d'hiver aux portes de Paris ?

Chansons pour me consoler.

AME TOURANGELLE

En ces soirs mélodieux, immatériels, et qui troublent la lune à peine d'un fin voile, avec la même aspiration vers le ciel que ces nuées laissant errer leurs stries d'opale,

tes cheveux, quand tu penches vers moi ton visage, épousent en flottant la trace des nuages, mais je vois à travers leur écran voltigeant la Loire tremblante, la Loire au flot d'argent,

et tes yeux verts, tes yeux qui s'argentent aussi, lorsque ton pur visage aussi tremble en mes mains, souvent jusqu'au petit rayon vert du matin, me font sur eux baiser l'âme de ce pays.

Amour tremblant, divin amour, pâleur des nuits, vous aurez donc mêlé notre âme pour toujours à la mélancolie d'une eau qui tremble et luit ; amour chaste ! pâleur des nuits ! divin amour !

Lorsque la blanche lune, ainsi qu'un doux château, se mire au noir de l'onde où trempent les joncs grêles, quand le zéphyr pousse ma barque en des roseaux qui pleurent au miroir des astres éternels,

avec la même aspiration vers le ciel que ces nuées laissant errer leurs stries d'opale et que tes blonds cheveux dont flottent les soirs pâles, notre âme s'est ravie en l'âme tourangelle.

Que j'ai de plaisir.

GERMAINE TOURANGELLE
(Extraits)

I

Debout ! génies des bois, sylvains, faunes français, et vous, ondins de Loire et vous, fées rivulaires, sus à votre sommeil, debout, repeuplez l'air, thyrse ou baguette en main venez voir mon succès !

J'aime. Venez voir ça ! L'amour m'a reconquis. J'aime d'amour l'Amour. Il est femme et si beau. Satyres, chantez-moi *Compère Guilleri,* vous fées, *La Violette* et *Dans mon beau Château.*

Il ne faut rien prévoir : mes chagrins abolis ont chu comme cailloux au fond de la rivière, un soir, dans l'ombre bleue du château de Sully que Mélusine ailée a construit pierre à pierre.

Farfadets de Sologne, ah ! je suis si content ! je vous appelle en foule ; apportez vos lumières ; vous, bondissant, quittez la forêt d'Orléans, Palès, meneur de tous les dieux de ses lisières.

Faites, beaux ægipans, la ronde en mon honneur, dans les vapeurs de Loire au clair des lunes pâles, entraînez — il faut rire ! — les fées qui sont vos sœurs, des kobolds verts et des lutins androcéphales.

Et, que dis-je ? ils viendront à ma voix, tous ces gnomes, qui traversant les airs enchantent le pays ; à cheval sur leurs cloches, ils sonneront *Vendôme, Orléans, Beaugency, Notre-Dame de Cléry.*

Évoquées à l'instant, prendront part à la fête les sonneries de cor et les vieilles chansons que, faute d'instruments et de voix de fillettes, le vent fera chanter aux harpes des sillons.

Il ne sera besoin : j'invite les bergères, houlette aux doigts, suivies de leurs petits chatons, et les tambours, les fils de roi qui leur sont chers, et tout ce qui passa sur le pont d'Avignon :

la Femme du Roulier, Marlbrough-s'en-va-t'en-guerre, Renaud-mon-Roi, Reine-Anne et la Vieille et Fanfan, les sept Filles du Roi d'Espagne au nez en l'air, tous menés à la queue leu leu par le dieu Pan.

Debout ! génies des bois, sylvains, faunes de France, et vous les jardiniers de Chambord et de Tours, les vignerons, les fées, les chasseurs, les servantes, accourez ! et chantant la Loire et mes amours,

— puisqu'en l'air tourangeau vole encore de la neige, happez-la, pétrissez des boules, visez mon cœur, et que chairs et toisons, et l'Amour qui se lève, m'apparaissent dans la Rafale des Blancheurs.

Celle qui fut Hélène en ce chant de tristesse : *Hélène tourangelle* — amis, vous souvient-il ? comme alors se pleurait ma jeunesse en exil ! — celle qui m'était fière a chu vers la tendresse de mon cœur un doux jour, le plus doux de mes jours, que dis-je ? elle m'aimait, j'en atteste l'Amour ! Et moi, moi qui l'adore, il me faut l'appeler de son cher vrai beau nom, ci plus haut dévoilé, ce nom qui fait pâlir les noms de vos maîtresses.

Tenez, prononcez-le comme si vous disiez : « J'aime » avec la langueur d'un amant plein de grâce et tout plein, dans son cœur, des flammes déliées qu'Amour en nous recherche et dont il rit hélas ! lorsqu'il brûle sa joue en écoutant nos cœurs, dites, je vous supplie ; dites bien ainsi : « J'aime », du même ton : « Germaine » et vous voyez ! vous voyez ! dites bien ainsi : « J'aime » et puis dites : « Germaine... » Enfin ! vous comprenez de ce nom la douceur.

Je n'en suis point jaloux ; je voudrais que ce nom devînt pour les amants le plus doux sur la terre. Suffirai-je au destin que je lui voudrais faire ? J'ai la terreur que non. Mon doux nom ! mon doux nom ! pardonne à ton poète, à la grande misère de ses chants, aussi bien qu'à son manque de don. Mais faut-il que j'hésite et je me désespère ? Amour me soit en aide ! — Mon doux nom ! mon doux nom !

Ah ! j'ai tort et bientôt sa gloire sera belle. Prononcez avec moi : « Germaine tourangelle. » Ne sentez-vous pas bien qu'ils seront adorés (je ne suis point jaloux) ces doux mots préparés pour le charme des cœurs en qui renaît l'amour, la jeunesse, la foi des Amants éternels ? Répétez avec moi le nom de Tourangelle, à qui s'allie si doux ce nom qui pour toujours, chassant celui d'Hélène, ira vivre à son tour !

....

4

Ce que tu fis, ce que je fis, Germaine, avant de naître à cet amour vivant, si grand, si pur, foin qu'il nous en souvienne ! Le passé mort est l'hiver de nos ans.

Des vieux péchés, nous allons nous absoudre, en ces beaux jours où déjà le printemps met son pas vert sur la neige et sa foudre au ciel brouillé, mais absous des autans.

Ne sens-tu pas renaître avec nos âmes un fin doux souffle inconnu des hivers, souple zéphyr qui flatte la campagne en emportant tous nos péchés d'hier ?

Approche-toi, que je baise ta bouche ressuscitée et jeune et moite et belle. Ce n'est plus *lui*, non ! c'est moi qui la touche. — Purifie-m'en, Germaine tourangelle.

Lorsque ton nez respire cet arome qui du printemps est bien l'avant-rourrier, ce n'est moustache ancienne qui le frôle : la mienne seule en a le doux loyer.

Ça, viens plus près, que j'éprouve en ton cœur, avec l'oreille, un bruit frais de trésor. Écoute aussi mon cœur, écoute encore : quelle richesse ! Et quel duo charmeur !

Sortant des plis onduleux de ta couche, cette aube même on a couru si vite devant le ciel irisé de la vitre, pour voir monter l'heure ardente et farouche.

Mais à travers le givre matinal, je vis des bois... « Ouvre, ami ! Plus encore ! » — Dans la forêt d'Orléans tout cristal, ciel ! que d'oiseaux annonçaient notre aurore !

Puisque Nature est complice et nous aime, de nos anciens péchés n'ayons souci. Nous en ferons de bien plus réussis. Absolvez-moi, je vous absous, Germaine.

5

Mes amours sont changées ? Non, ce sont « mes amours », et toujours mes amours ont rendu beaux les jours. Traversant mon bonheur, vienne la Mort ? Que non ! La Mort me fait bien rire avec son grand menton.

Que voulez-vous de moi, jeunesse revenue (encore une fois !) telle, en ces heures heureuses, qu'en mes jours plus gaillards ? Amoureusement nue, que me demandez-vous, jeunesse savoureuse ?

De la fougue ? On y va. Quelque éternel ressort ? (Modestie, ne fais point mentir le nom de Fort). Qui me hèle ?

l'Amour ; c'est l'Amour qui m'appelle ? Soyons chauds sur l'Amour au corps éventé d'ailes.

Et vivent mes printemps triomphaux à jamais ! De mon enterrement reculons le long thrène, jusqu'au bout de vingt ans, trente ans, cent ans, Germaine, et pourquoi donc pas plus encor, ma fleur de mai ?

Jusqu'à l'âge de Philémon ou de Booz, et même de Mathusalem, ah ! poursuivons, jusqu'à l'âge des dieux. Il dit, Anacréon : « Les poètes n'ont pas d'âge » et hume une rose.

Belle ! voici l'avril, le mai, le juin, l'été, voici mon cœur qui t'aime et pour l'éternité, voici monter Phébus des herbes de la Loire, et d'entre les roseaux le cou vert des canards.

Partout de l'espérance et des chants de lumière. Ah ! je veux m'habiller de blanc, de bleu, de vert, de jaune, d'arc-en-ciel, et foin du taciturne Paul Fort vêtu de noir, sombre auteur des *Nocturnes*.

Les Nocturnes.

NOTRE CHAUMIÈRE EN YVELINE

Chaumières, vos parures sont marguerites, roses :
à vos pieds ces blancheurs, et sur vous ces couleurs.
Chaumière, la nature est bonne à quelque chose :
elle abrite nos cœurs dans un bouquet de fleurs.
Chaumière, cela dure autant que le bonheur.

Deux Chaumières.

LA NOUVELLE CHAUMIÈRE
OU
LE VALLON DES CHARMES CONSTANTS
(VAL DE GAMBAISEUIL)

Est-il deux amants sur la terre pour être plus ravis que nous, devant la grâce et le mystère, ici clos, d'un vallon si doux ?

Qu'il pleuve et l'on voit s'étirer la moire de ses prés diaprés ; avec tendresse au lit d'amour nous l'imitons, s'il pleut de jour ;

s'il pleut de nuit, le val enchante des rainettes l'hymne charmante et des feuilles de la hêtraie les sourds petits tambours discrets.

— « Le ciel (il fera beau demain) a le bleu des vitraux anciens sous la ramée. » Au jour qui vient, le val s'entoure de carmin.

Hochet de rosée et de sources, comme joue avec, dans sa course. le Phébus de la matinée, l'enfant de roses couronné !

Tous leurs grelots évaporés, sentiers, buissons, arbres et prés nous apparaissent : un cheval court tout petit au fond du val

que midi frôle de son aile, faite de la trame irisée des moucherons et demoiselles, et de mousseline amusée.

Les bœufs dorment, c'est un bonheur, dans la prairie au sein des fleurs ; la touffe de leur queue agite une touffe de marguerites.

Et l'on voit que notre chaumière — d'une lierre trop lourd attifée — pour respirer à sa manière, près du toit s'en est dégrafée.

Trois heures, l'heure des abeilles (c'est aussi le plus chaud du jour) et les fleurs tremblent sous leurs ailes : tout le val se remplit d'amour.

Le couchant y pose son cœur en un religieux silence, et le vallon avec ferveur le prend en lui, le garde et pense

que, levé dans la nuit sereine, il est d'une étoile certaine — Vénus dont brille le genou — l'époux vaporeux, oui, l'époux !

Et ce sont des noces magiques ; lune, étoiles sont invitées, feux Saint-Elme et, pour la musique, les grands chœurs de la voie lactée.

Mais l'on a des soirs tout chez nous, et si doux en notre jardin que le vallon se fait plus doux, aux écoutes de nos destins :

car notre jardin c'est la feuille, chue de l'Arbre du paradis, où deux vers luisants *nus* s'accueillent — à notre semblance, on le dit.

O nuits ferventes ! longs désirs ! sous les chaudes mains des zéphyrs !... Est-ce bien assez de vous dire — beau chef-d'œuvre de tous les temps —

le vallon aux charmes constants ?

Deux Chaumières.

JOIE PRINTANIÈRE OU LE PETIT FAUNE DU LUXEMBOURG

Petit faune dansant sur ton outre gonflée, dans ma joie à la porte de Médicis ! Le Luxembourg, ce dimanche matin fin voilé d'une brume déjà printanière et qui glisse autour des Reines, des soldats bleu myosotis, des fillettes aux rubans verts, dessous les arbres bourgeonnant, pigeonnant et par le vent ailés, autour de Leconte de Lisle, ce vieux marbre, qui, sa muse l'aidant, a l'air de s'envoler, le Luxembourg d'azur, tout calme et tout délice, me voit le cœur dansant au rythme de la vie que Germaine m'a faite... aussi digne d'envie que la vie azurée du jeune capitaine, droit, svelte et qui sifflote et qu'en burnous je vois au rendez-vous par lui donné — lilas aux doigts — à quelque fiancée ou maîtresse ou Mimi, dans les environs de neuf heures et demie. Tel pour me rajeunir est le don de Germaine. Regarde-moi, je suis comme ce capitaine !

Faune dansant de joie, faune, regarde-moi. Qu'attends-je ici ? Bien sûr, ce n'est pas cette Reine, Alix, Bertrade ou Marguerite de Valois ? non ! c'est ma souveraine et reine, c'est Germaine. Petit faune, en sautant, joue de ton fin hautbois. Le printemps glisse entre mes dents — je bois, je bois l'air, je m'enivre et mon cœur danse devant toi, petit faune dansant sur ton outre gonflée, qui chois et rebondis jusques en la feuillée ! Qu'attends-je ici ? rien. Si. — Des souvenirs, je crois ? — Des souvenirs ? je ris... Je suis tout l'ancien moi. Je suis tout Avenir et suis jeune et suis roi, et je danserais bien le torse dévoilé. — Ce vent dans le manteau j'ai peur de m'envoler. — Toi qui plus haut juché vois Germaine venir, avec nos souvenirs, avec notre avenir, petit faune dansant pour ton cœur affolé, à la porte de Médicis, danse pour moi !

Si Peau d'Ane.

DE QUOI MON AMOUR

De quoi mon amour ? De nuit et de jour.

De quoi ses oreilles ? De perles vermeilles.

De quoi ses seins roses ? De rien autre chose.

De quoi sa bouchette ? De guigne et noisettes.

De quoi ses longs yeux ? D'éclairs bleus des cieux.

De quoi son corps lisse ? De neige et qui glisse.

De quoi son doux cœur ? De chair en fureur.

Et de quoi son âme ? De mon âme en flamme.

Fantômes de chaque jour.

L'AMOUR MARIN

On les r'trouve en raccourci, dans nos p'tits amours d'un jour, toutes les joies, tous les soucis des amours qui durent toujours !

C'est là l' sort de la marine et de toutes nos p'tites chéries. On accoste. Vite ! un bec pour nos baisers, l' corps avec.

Et les joies et les bouderies, les fâcheries, les bons retours, il y a tout, en raccourci, des grands amours dans nos p'tits.

Tout c' qu'on fait dans un seul jour ! et comme on allonge le temps ! Plus d' trois fois, dans un seul jour, content, pas content, content.

On a ri, on s'est baisés sur les neunœils, les nénés, dans les ch'veux à pleins bécots, pondus comme des œufs tout chauds.

On s'en est allé, l' matin, souffler les chandelles des prés. Ça fatigue une catin : ça n'y est pas habituée.

On s'est r'levé des bleuets, les joues rouges et l'cœur en joie, et l'on est r'tourné chez soi, après un si grand bonheur…

Peu à peu, le cœur en peine, on s'en est r'tourné chez elle, en effeuillant sur les blés une grande marguerite jaune.

La mer !… ah ! elle est là-bas, qui respire sur les épis, et mon bateau, que j'y vois, se balance sur les épis…

On arrive. — Avant d'entrer, on se r'garde, les bras ronds. Ça m'fait clic au fond d' mon fond : elle sort sa petite clé.

Le jour tombe, on reste là. On s' met au lit, c'est meilleur. On se r'lève pour faire pipi dans le joli pot à fleurs.

On allume la chandelle, on s' montre dans toute sa beauté ! Vite, on se r'couche, on se r'lève, on s'étire, — c'est l'été.

Y a dans la chambre une odeur d'amour tendre et de goudron. Ça vous met la joie au cœur, la peine aussi, et c'est bon.

Et l'on garde la chandelle pour mieux s'voir et s'admirer. On se jure d'être fidèles. On s'écoute soupirer.

Et, tout à coup, v'là qu'on pleure, sans savoir pourquoi, mon Dieu ! et qu'on veut s'tuer tous les deux, et qu'on s'ravise, cœur à cœur.

Alors, on s' dit toute sa vie. Ça vous intéresse bien peu. Mais ça n' fait rien, on s' la dit. Et l'on croit qu'on s' comprend mieux.

On s' découvre des qualités, on s' connaît, on s' plaint, et puis, demain comme il faut s'quitter, on n' dit plus rien d' toute la nuit.

On n'est pas là pour causer... Mais on pense, même dans l'amour. On pense que d'main il fera jour, et qu' c'est une calamité.

C'est là l' sort de la marine, et de toutes nos p'tites chéries. On s'accoste. Mais on devine qu' ça n' sera pas le paradis.

On aura beau s' dépêcher, faire, bon Dieu ! la pige au

temps, et l' bourrer de tous nos péchés, ça n' sera pas ça ; et pourtant

toutes les joies, tous les soucis des amours qui durent toujours, on les r'trouve en raccourci dans nos p'tits amours d'un jour.

Mais la nuit se continue. Elle ronfle, la petite poupée, plus doucement, sur son bras nu, qu'une souris dans du blé.

Alors, quoi ! faut-y pas s' plaindre, ah ! faut-y pas bougonner, de voir la chandelle s'éteindre en fondant sur la ch'minée.

On r'garde au mur quelque chose, qui grimpe jusqu'au plafond.... Ah ! saleté !... c'est gris, c'est rose... V'là l' jour rose comme un cochon !

On pleure contre l'oreiller. Y en avait qu'un pour nous deux. Ça suffit !... on s' lève... adieu... On part sans la réveiller.

Mais c' qui est l' plus triste, au fond, c'est que, pour nous qui *naviguent,* les regrets sont aussi longs, des p'tits amours que des grands.

Et l'on s' demande, malheureux, quand on voulait s' tuer tous deux, rester là, s'éterniser, pourquoi qu'on s'est ravisé ?

L'Amour marin.

LES BAISERS

En se quittant, on n' s'est rien dit. Et nous avons cru que l'on ne s'aimait guère. Pendant qu'on s' quittait, on s'est tu bien longtemps. C'était, comme on dit, comme de l'indifférence.

On s'était bien embrassés pourtant, hier et avant, tu m'as dit : cinq jours. Mais on s'était dit : ça n' dure pas longtemps, cinq jours de baisers, c'est comme le beau temps.

Aujourd'hui mer bleutée et demain c'est l'orage. Y n' faut pas trop demander à l'amour. Et puis, les marins, voyez-vous, ça voyage. Un bateau baise le sable... Que les baisers sont courts !

L'Amour marin.

LA CHANSON FATALE

La vie est courte, la mer est grande. Vois-tu, ma mie, on s'verra guère. J' suis pas un mat'lot à la manque. Y a des calmes plats sur la mer.

Faut les subir.

La vie si courte, la mer si grande, ça t' fait peur, ah ! tu n'aimes que moi ! Si tu l'aimais un peu, la mer, tu dirais, va,

faut la subir.

Il faudra bien subir la mort, comme ton amour pour moi, ma mie. La vie si courte, la mer si grande, vois-tu, ma mie,

faut les subir.

Et la tempête, les calmes plats, et le retard et la distance, et le roc noir, la mer qui s'ouvre où mon bateau s'engloutira,

faut les subir.

Et notre amour, et ton attente, et l'autre amour qui te viendra.

L'Amour marin.

TU PEUX PARTIR...

Tu peux partir. Le malheur est pour moi. Et que t'importe si je ne suis plus belle ? J'aurais pu t'oublier : nos trois mioches sont là. Tu peux partir. Le malheur est pour moi.

Tu restes malgré toi ; nos trois mioches te ressemblent. Tu peux partir ! La douleur est pour moi. J'ai les yeux bleus, ils ont tous les yeux sombres. Ils me caressent, puis se sauvent : c'est toi.

Tu peux partir, va je serai fidèle ! Tu peux partir. Le souvenir est pour moi. Pars, mon Jean, un autre amour t'appelle. Pars, mon Jean, la mer est belle.

L'Amour marin.

LE REGRET

Ton p'tit corps si doux, si gentil, si propre, qui entrait tout rose au fond d' mes yeux bleus, ça n'est pas tant lui, c'est pas lui qui m' trotte, d'puis que j' t'ai quittée pour ne plus revenir.

C'est la p'tite caresse, qu' tu m' faisais, la nuit, de ton p'tit corps rose le long d' ma peau noire, ah ! c'est la fraîcheur de ton corps gentil, frais comme un rouget dans l' poing qui l' saisit.

Ah ! c' que ça m' flattait ! et puis je m' rappelle, ton corps, dans mes bras, rose à la chandelle, lorsqu'il me coulait en p'tite vague soulevée, dans mes doigts ouverts et mes bras fermés.

L'Amour marin.

LA HANTISE

Les cheveux des blondes contiennent du poison. Je n'ai plus mon âme, je n' sens plus ma vie, d'puis que j' t'ai baisée tout autour du front, un jour qu' sur la grève t'étais endormie.

L'odeur orageuse qui m'a-z-affolé, quand j'humais tes ch'veux, me poursuit dans l' vent. Je m' traîne dans les flaques, j' glisse sous les rochers, j' fourre ma tête dans l' sable pour n' plus respirer.

Mais y a rien à faire. Jusqu'au fond des sables, c'est l'odeur de blonde qui m'a-z-affolé ! Ce n'est plus la mer qui a son odeur, jusqu'au fond des flots c'est tes ch'veux mouillés !

Hier, le soleil a mis sa colonne au milieu d' la mer ; moi, sur la falaise, dans la transparence je t'ai vue, Simonne, nager dans l'eau d'or sous tes ch'veux dorés.

Tout l' brillant des flots, tout l' brillant des grèves, tout c' qui brille dans l'air, tout l'or des orages, c'est toi qui traverses, tes ch'veux en cortège, les sables, les flots, l'air et les nuages !

L'Amour marin.

LA CHANSON DES MARINS HALÉS

Ils ont choisi la mer, ils ne reviendront plus. Et puis, s'ils vous reviennent, les reconnaîtrez-vous ?

La mer les a masqués, avant de vous les rendre. On ne sait s'ils sourient ou s'ils pleurent sous leur hâle.

Et ils n'ont plus leur âme, elle est restée en mer. Que la mer est ardente, empressée au butin !

Ils ne reviendront plus, ils ont choisi la mer. Et puis, s'ils revenaient, seraient-ils revenus ?

L'Amour marin.

VERS UNE MUSETTE

à Hélène de Meyenbourg.

Va ! ne me garde pas rancune de tous les maux que tu m'as faits. N'en sauront rien Dieu ni la lune, va ! ni mon cœur insatisfait.

Ce n'est rien que d'aimer sa belle. Puisqu'il lui faut tout pardonner, aimons-la d'un cœur deux fois né, puis l'adorons même infidèle.

Oh ! qui n'a pas eu sa Musette (je n'en veux faire le procès) ! mais son souvenir d'amusette pleure au cœur de tous les Français.

Inédit.

CANZONE DU COUP DE FOUDRE

La source, un petit bois, un coude de la route, et voir — là — son clair visage dans le soleil, il vient à travers blés, il m'approche, *il m'éveille*, il m'émerveille cœur et âme, il les envoûte après avoir doré les longs pleurs de mes yeux, et je tombe à genoux et je suis amoureux. Est-ce ma Béatrice ou, dieu ! ma Léonor ? Je ne subirai plus son charme qu'en la mort. O clair visage, yeux pers, sur moi chevelure d'or !... linceul, est-ce un linceul, ou, mort, vivé-je encor ? Ne sentirai-je plus ces charmes après mort ?...

Inédit.

CANZONE DE L'ÉTREINTE

OU LA VRAIE CANZONE DES CANZONES

A ma Tourangelle bien-aimée.

Partageons, lèvres jointes, et à cils rapprochés, le soleil recherché des lianes en étreinte,

des fleurs sous la rosée, des prairies sous l'autan échangeant leurs pensées, échangeant tout autant

violettes embaumées, oiseaux cherchant ramées, fils de la Vierge… attends!… Et Dieu s'il a le temps;

tièdes ou chauds rayons, mais dont le cœur frissonne, soyez *nous* en personnes, lorsque nous partageons

le soleil du Printemps ou (qui peu nous étonne, amant, amante, amants!) le soleil de l'Automne,

lorsque l'orage tonne. — Partageons, lèvres jointes, et à cœurs se touchant, un soleil recherchant

deux lianes en étreinte. Aimons-nous en aimant le soleil d'un Moment

vif éternellement!

Si tout l'amour.

CANZONE POUR OFFRIR TOUT SON ÊTRE

Viens tendrement aimer l'homme que je crus être — un amoureux — mais il n'en était rien; hélas!

me l'ont assez prouvé tant de Vénus-Pallas qui m'envoyaient leur « Zut! » et dans la lune paître.

Je le méritais bien, moi tout littérature, élève de Virgile autant que d'Épicure :

Ces deux-là froids en diable! Ah! si j'eusse été pire que l'ardent Othello né natif de Shakespeare.

Mais ces dames vivaient en trop sages personnes. O ma terreur, que tu sois morte lorsqu'on sonne!

Je te regarde. Eh bien! je me sens tout salpêtre! Viens tendrement aimer l'homme que je crois être.

Si tout l'amour.

CANZONE D'UN BEAU VOYAGE

Nous nous en irions à Ceylan, sur l'avant vif d'une gondole, verrions, dont notre âme raffole, Pôle Nord et Brésil avant. — Tais-toi, Montlhéry nous attend.

De temps en temps, au vent qui vole, New York retiendrait notre élan, Madrid et l'Oxford des Écoles, Pékin, mais Paris tout autant. — Tais-toi, Montlhéry nous attend.

Puis ce serait le tour des cieux. Mon Dieu! que nous rendrait contents, après grands tours d'Océan, la Voie Lactée de nos aïeux. — Tais-toi, Montlhéry nous attend.

De Bételgeuse un plongeon dans le Fleuve Amour sera tentant. Et puis, après nouveaux serments, laissons vers nous, amante, amant, venir Venise, il en est temps.

— Tais-toi, Montlhéry nous attend. Nos ongles auront, sur les cartes, fait tout ce voyage épatant, dit Joséphine à Bonaparte. Je me trompe. Toi, moi. Longtemps.

Et Montlhéry qui nous attend!

Si tout l'amour.

CANZONE DU FUYANT NUAGE

Que tu me contes de soupirs, nuage qui t'en vas là-bas, toi que j'ai voulu retenir, vers qui, de mes mains, l'ombre expire, et que je ne reverrai pas,

qui fus cependant, haut et bas, de notre amour le plus discret, le plus secret, bien qu'au ciel bleu, témoin de nos deux cœurs heureux : Amour que j'ai cru d'amoureux

et qui s'est brisé tout à coup, en fin de ce beau jour d'été, par mes sottes timidités et manque d'un baiser au cou durant toute une éternité !

Cependant, sous ton ombre sage, cependant je l'aimais beaucoup, — moins que toi peut-être, ô volage nuage, nuage, nuage qui vas pleurer je ne sais où.

Inédit.

BALLADE DES LARMES QUI COULENT

Pourquoi les embusquer, tes larmes, sous les bleus buissons des paupières ? Tes larmes auraient plus de charme en courant libres vers la terre.

Tu les caches — le bel indice ! — dessous les roseaux de tes cils. Elles vont mourir, ces complices de tes blagues. Pauvre imbécile !

Mourir noyées en elles-mêmes. Dis franc à l'Amour que tu l'aimes ! Comme un orage se déploie, pleure au grand jour, pleure de joie !

Inédit.

VŒUX EN FORME DE PRIÈRE POUR RAJEUNIR

J'aime me faire valoir. Passion de vieillard. Arrive qu'arrive ! Ce soir, je monterai le voir au bout d'une prière

Dieu le Père,

et lui dirai : mon Dieu, qui règnes dans mes yeux, doublement père et fils, refais-moi d'un artiste visage noble et triste,

Dieu mon Christ,

rajeunis-moi donc vite ! j'ai reçu son invite à me tenir près d'Elle, toujours, mais jeune et bel, ainsi qu'un immortel,

Dieu du Ciel,

remets-moi dans la bouche trente-deux dents farouches éclatant de blancheur, et puis toute rongeur prêtes à croquer son cœur,

Dieu des Cœurs,

bref, d'un cruel amant, fais que tous mes serments, faux mais inévitables, lui paraissent les fables d'un assassin affable,

Dieu — ou Diable !

Inédit.

Extraits de *Senlis*

SENLIS MATINALE

Je sors. La ville a-t-elle disparu ce matin ? Où s'est-elle envolée ? Par quel vent, dans quelle île ? Je la retrouve, mais n'ose plus étendre les mains. Senlis est vaporeuse comme une mousseline.

Moi, déchirer Senlis ? prenons garde. Où est-elle ? Toits et murs sont un transparent réseau de brume. Notre-Dame livre à l'air sa gorge de dentelle, son cou si fin, son sein léger couleur de lune

où bat l'heure irréelle, que seuls comptent les anges, tant l'écho s'en étouffe dans l'oreiller du ciel fait des plumes doucement étendues de leurs ailes, où Dieu repose un front qui vers Senlis se penche.

Ile-de-France.

SENLIS DU SOIR

Senlis aux tourterelles, Senlis rose au couchant. Senlis ailée, Senlis des roses, pigeons au vent, vous dominez la plaine, le mail et ces enfants qui sous les ormes du « Tour de la Ville » font la ronde.

Le monde, c'est la ville. Une ronde autour du monde, hélas ! je l'entraînerais. Mais que suis-je ? un passant, et j'ai trop peur de toutes ces chevelures blondes, étirées sur mon cœur déchiré, en courant...

Je m'assieds sur un banc où se vieillit mon âge. Tout a pris feu déjà, Senlis, oiseaux et filles, et tout retombe en cendre sur mon front sans courage. Où donc est ma jeunesse ? dans quel plus sombre exil ?

L'une avait dix-huit ans, je l'ai vue pâle et grande. L'autre avait dix-sept ans, elle m'a regardé. La Jeanne de quinze ans m'a fait un pied de nez. Que dirais-je des toutes petites, les vagabondes ?

Il faut rester ici, la nuit faite, en rêvant à toutes les douleurs dont la vie m'a comblé, bien heureux d'être ici, calme et doux, sur ce banc, d'être ici, ma jeunesse et la ronde envolées.

Ile-de-France.

AIR DU GRAND AIR

Je l'attendais, ce vent, je l'espérais toujours, ce vent, le seul bon vent, le vent des aventures.

Mais rien. En bourrasque folle est venu l'amour ! — Gais tourbillons ! — Oui, ça dure ce que ça dure.

L'amant aux courants d'air, on l'est si peu de jours. On est si peu de jours un fol d'Estrémadure.

Chu maintenant des hauts balcons éventés dur, au pied de ma tremblante échelle à troubadour

— le vent du soir bouffon chantant loin ses *turlures* — amant déséventé, rêvé-je au vent toujours ?

petit vieillard sucré, je rêve confitures.

Expo 37.

LES ROSSIGNOLS DU CHÂTEAU FORT

Autrefois Janine et Paul Fort? Montlhéry! leurs amours cruelles!

Les rossignols du Château Fort chantaient là-haut sur la tourelle.

Aujourd'hui? la doulce nouvelle Raymondine, Paul Fort encor?

Les rossignols du Château Fort chantent *encor* sur la tourelle.

Demain, passants, rêvez Paul Fort... Plaignez-le car il sera mort.

Les rossignols du Château Fort chantaient si bien sur la tourelle!

Le plaindre? non! car l'infidèle toujours fidèle, verra si bien, le vrai Paul Fort, les rossignols du Château Fort

et sur la tour sa Tourangelle!

Expo 37.

CŒUR PARLANT

Reviens sur mon cœur, et tais-toi. Laisse hurler mon cœur, ce chien !

S'il hurle, c'est qu'il t'aime bien. Crains plutôt ses petits abois.

Ça vous a comme ça des souffles à vous faire croire qu'il souffre.

Et puis il ne dira plus rien que par ma voix… Souffles de rien ?

Non. Mais, halené, long et las, à peine le souffle d'un chat.

Inédit.

LE CŒUR INTERDIT

— Parce qu'on eut d'autres amours, tu ne m'aimes plus, mon amour ?

— Non ! si je passe dans ton cœur seulement comme un visiteur,

il faut, sur ses vantaux aimés, pendre enfin l'écriteau : Fermé.

— Mais il a sa grand'porte ouverte ! — La docilité m'est offerte ?

L'imbécillité m'est offerte ? La *propriété* m'est offerte ?

Je vais m'y rendre avec fureur en visiteur-cambrioleur.

— Mais c'est là ce que je voulais. Tu peux ouvrir tous les volets.

Inédit.

BALLADE D'UN ARDENT BOUQUET A CHLORIS

O combien j'aime en toi ce que tu représentes, l'univers tout entier, ma folle, mon amante !

tes longs cils sont roseaux câlinant de bleus lacs, tes cheveux sur mont rose offrent les entrelacs

d'une blonde forêt que l'aurore ensorcelle, ton nez ? oiseau rêveur qui plane et bat des ailes,

irai-je ou indiscret jusqu'à la gorge — horreur divine ! — où vers moi flambe un fier volcan, ton cœur !

Je m'en garderai bien voulant seuls admirer ce soir les chers soupirs que j'aime à respirer.

Vénérée, adorée, entre mes doigts si belle, ô ma noble et folle, et mystérieuse essentielle !

Inédit.

L'AMOUR LIBRE

Te trahir ? non ! ce serait là le tour d'un sage, et je t'aime, on le sait, jusqu'à la déraison. Moi, libre dans l'amour ? libre en mon esclavage ? Ce serait espérer que mon cachot voyage de terre en nue et d'horizon en horizon. Quand se plaît la geôlière, excitant mon courage, à desserrer mes fers chaque jour davantage, comment ne pas t'aimer, ô ma chère prison !

L'Arlequin de plomb.

LIEDS
COMPLAINTES
ÉLÉGIES

BALLADE DU PRINTEMPS VENU

Un jour du Printemps vient de naître. Je crois bien que c'est le Premier. Deux branches de mon noisetier viennent d'enjamber ma fenêtre.

Viennent encor d'être amoureux le soleil don Juan des cieux et la lune et toi dans mes yeux, moi dans les tiens si bleus, si bleus,

bleus ! voire même à la chandelle, au petit jour même orageux. Vivons ! le Printemps est fidèle. Au lit, ô ma belle des belles !

Elles viendront les hirondelles…

Inédit.

GOUTTES

Rendez-vous de petites gouttes sur mes carreaux. O gouttes toutes

tremblantes ! mais réunissant azur à printemps verdissant

que vous reflétez en tremblant. Se peut-il qu'en zig-zag expresse

un éclair de feu vous traverse (au loin tout le printemps s'alarme)

— comme un éclair de ma jeunesse me traverse à travers mes larmes.

Inédit.

BALLADE-COMPLAINTE
DE LA VIE DES ARBRES
A L'IMITATION DE LA VIE HUMAINE

Dès nos automnes jaunissants — où les amours sont infidèles — comme il est des feuilles don Juan, il en est d'autres Sganarelles.

Les unes sont vertes, les autres de la couleur (vous m'entendez) que l'on prête aux bons vieux apôtres qui ne sont plus de charme aidés.

Mais au printemps jusqu'en été, les vieux, tous! ont ressuscité. Les toujours verts sont toujours là. — Jouent les nids leurs mi sol mi la...

On le dit, on le dira toujours: « Te voilà, saison des amours! » — « L'arc-en-ciel t'offre en auréole son doux vert léger qui s'envole! »

Les autres couleurs sont bien belles. Les don Juan s'en font des cocardes, à moins que le ciel ne les garde. — Les jaunes vont aux Sganarelles.

— Que le printemps me soit fidèle!

Inédit.

L'AMI DE MA FEMME

Qui peut dormir au lit, vertueux et pervers?

— c'est Touffon, sur mon âme, c'est l'ami de ma femme;

Et qui soudain emplit la nuit de ses yeux verts?

— C'est Touffon, sur mon âme, c'est l'ami de ma femme;

piquant comme un rosier, grondant comme un orage,

grattant comme un sourcier, voyant comme un roi mage?

— C'est Touffon, sur mon âme, c'est l'ami de ma femme,

qui guette une souris au fond de l'infini.

L'Alouette.

COMPLAINTE DES ARCHES DE NOÉ
POUR BERCER L'ENFANÇON

« Dans la forêt, les menuisiers, taillez les arches de Noé, en beau bois blanc faites le pont, en beau bois jaune le grand vaisseau, en beau bois noir toutes les bêtes, et toute la mer en beau bois vert.

« De la forêt, pour cent bébés, faites cent arches de Noé, un tout p'tit trou pour les grosses bêtes, un tout p'tit trou pour toutes les bêtes, pour les gros éléphants menus, pour les petits lapins très gros, pour la colombe et pour Noé.

« Dans la forêt, les menuisiers, taillez les arches de Noé, un tout p'tit trou pour toutes les bêtes, pour toi, pour moi, et pour Noé. »

Ballades françaises.

SAINTE MAMAN

A moi l'éternel châtiment. A nous le ciel, sainte Maman !... Tendez les cordes tout douleur de vos poignets vers le Seigneur,

ces poignets-là que j'ai meurtris, et ce cœur-là dont la blessure saigne encore, montrez-le-lui ! — Martyre de mon aventure,

soyez bien mon accusatrice devant Dieu ! Las ! je le sens trop, Dieu se détournant, le cœur gros, vous nomme au ciel ma Rédemptrice.

Pourquoi ? c'est votre amour peut-être qui fait pleurer ces millions d'anges ? O vous qui m'avez donné l'être, pleurent vers vous ces millions d'anges !

Sainte Maman, la pauvre femme que je fis souffrir tant et tant ! sainte Maman qui fut *mon âme* crucifiée à chaque instant !

L'Arlequin de plomb.

LES BOULES DE NEIGE

Ils m'ont jeté des boules de neige, parce qu'ils ne m'ont pas compris.

Parce que je vais à l'aveuglette, au petit bonheur des chemins, plusieurs ont dit que j'étais bête, que j'étais fou quelques-uns.

Et cependant, pas moins que d'autres, j'use de me frotter les côtes, lorsque je tombe dans un trou !

Et pourtant, tout comme les autres, pendant l'été je sais chanter, je sais me taire dans la tempête et pendant l'hiver grelotter.

Plusieurs ont dit que j'étais bête parce qu'ils ne m'ont pas compris.

Et que me manque-t-il, en somme, bien qu'oublieux des routes passées, si je n'ai besoin de personne pour me dire les routes où je vais ?

Parce que je vais à l'aveuglette, plusieurs ont dit que j'étais bête, aveugle d'autres et d'autres fou.

Ils m'ont jeté des boules de neige…

Ballades françaises.

L'ÉCOLE SOUS MA FENÊTRE

Un seul cri et puis trois cents cris de toute l'École, de tous les gamins, les gamines à la fois.

Et puis — dans la cour — après roulement du tambour, c'est une ronde et puis une autre et puis trois.

Et les belles et fraîches voix montent : « Nous n'irons plus au bois… ! » Il me semble que toute la France monte vers moi.

Il me semble que toute la France monte : « La tour prends garde, la tour prends garde de te laisser abattre… »

Il me semble que toute la France… « Joli tambour revenant de la guerre — et ran plan plan… »

Oui toute la France : « J'ai un beau voyage à faire, je ne sais qui le fera. Si je le dis à l'alouette… »

Toute la France : « On y danse, sur le pont d'Avignon, on y danse tout en rond. Les beaux messieurs font comme ça… »

La France, ô petites voix humaines ! ô petits cris humains ! « Alors on pourrait faire une ronde autour du monde, si tous les gens du monde voulaient s'donner la main ! »

La France entière !… et j'en pleure ! et je chante avec eux et je crie : « Allons, enfants de la Patrie ! »

Un jardinier du
jardin de France.

LES NOCES DU FLEUVE ET DE LA RIVIÈRE

Ici, devant Fin-d'Oise, Maurecourt, Andrésy, Conflans-Sainte-Honorine — doux bruit font ces noms-là ! volée de cloches pour un mariage, dirait-on pas ?... ô poésie, ô poésie, ô poésie !...

ici, sous les yeux bleus de ces quatre villages, on voit la Seine en fleurs s'unir à la belle Oise. Bien. Montez sur un pont suspendu et berceur. Embrassez votre amie et regardez ailleurs.

L'Oise est une rivière et la Seine est un fleuve, je l'ai de mes yeux vu ; d'autre part j'ai la preuve que pour aller ensemble courir tant de pelouses, la Seine offre son bras à sa trop jeune épouse.

O noces vaporeuses que j'ai vues de ce pont suspendu et berceur, toute une heure amoureuse, vous me parûtes bien de ces noces heureuses où sous un même voile le couple se confond,

le voile de la mariés, ohé ! Bien mieux encore — si l'image m'entraîne je n'en ai pas fini — je *les* vis sous les palmes de grands peupliers d'or, courir et s'embrasser tels Paul et Virginie.

Quoi ! Paul et Virginie mariés ? Oui. L'un portait une casquette ornée d'un fin drapeau français (tel m'apparut, du moins, ce chaland reposé), l'autre un collier de barques scintillant de rosée.

Qu'ils étaient purs !... Sans doute, avant leur doux pourchas, l'Oise eut quelque amourette, la Seine eut des faiblesses. Mes bons amis, la chose ne me regarde pas, qui ne saurait d'ailleurs troubler leur allégresse.

La crécelle d'un gouvernail tourne là-bas. O le joli joujou pour l'enfant qui viendra ! En tout bien tout honneur, à son heure il viendra. On le nommera l'Eure et des choux il naîtra.

Tout danse autour de vous la danse du mariage, Seine, beau mâle et vous petite oie, petite Oise, les rives, les coteaux, les vignes *et caetera,* dans les vapeurs tout danse et ma belle à mon bras.

Taratata ! Voici qu'au son de la trompette, à sauter dans les barques une noce s'apprête. Laissez-moi naviguer tous ces joyeux pantins. Mes beaux époux, il faut courir votre destin.

« O joie ! il faut courir ! — La mer est votre sort. — Il faut courir, hélas ? — Et la mer c'est la mort. — Triste à songer. — Mais non. Par un bout vous mourez... mais à l'autre, déjà, la noce est préparée. »

Et je voudrais savoir comment — époux fidèles — dans la foule des fleuves qui se perdent au ciel, vous pouvez retrouver vos gouttes bleues et blondes pour vous aller cacher sous la terre profonde,

en surgir et vous joindre au plus beau lieu du monde, — ici, devant Fin-d'Oise, Maurecourt, Andrésy, Conflans-Sainte-Honorine : doux bruit font ces noms-là ! branle de cloches pour un hymne, dirait-on pas ?

O poésie ! ô poésie ! ô poésie !...

La Tristesse de l'homme.

PRIÈRE POUR CONJURER LA PLUIE

La grenouille en rigole d'aise. Il pleut sur la Seine et sur l'Oise. O disciples de saint Nicaise, nés à Triel « emprès Pontoise »,

saint Égobille et sainte Mille, intercédez auprès de Dieu, pour qu'il nous chasse un peu des cieux ces nues couleur de camomille.

On a l'onglée, cueillant la fraise, l'engourdie, cueillant les framboises. — Si cela continue, ma chaise saura trop ce que « mon cul poise ».

Sainte Mille et saint Égobille, natifs de Triel tous les deux, je ne puis sortir ma famille, intercédez auprès de Dieu.

EXAUCEMENT

Une embellie ! — Soyons bon drilles. Allons courir cette embellie. De tous côtés l'escargot brille. Égobille et Mille — merci.

La Tristesse de l'homme.

SEPT AMANDIERS EN FLEURS OU LE RETOUR VERS LA MAISON

Savais-je aux fins de jour où mon destin chemine que j'aurais pour amis sept amandiers en fleurs ?

Sept amandiers en fleurs, du haut de la colline, se penchent et saluent mes joies et mes douleurs.

Ce soir où des nuées rouges aux lointains voiles se disputent la lune et tout le firmament,

blancs et roses filets à recevoir le vent, sept amandiers en fleurs ont capté mon étoile.

L'Arlequin de plomb.

L'AUTOMNE
SAISON DE L'ÂME

L'hiver joue avec notre sang. Le printemps met le cœur en « pâme ». L'été nous force, roi des sens. L'automne est la saison de l'âme.

L'âme n'est pas heureuse au monde, entre l'enfer et Dieu perdue. Se peut-il qu'à la vagabonde rien, ni mémoire, ne soit dû !

Comme avant de heurter nos corps, elle venait du fond des âges, las ! et même après notre mort, elle continue son voyage.

Dans notre âme se pleure encore la Romance du temps passé : lugubrement le chant d'un cor lui renvoie son écho lassé

d'avoir franchi nuées, montagnes, gouffres, torrents, neiges, sapins et de chanter loin des Espagnes la grande mort des Paladins.

C'est en elle, en notre âme, en nous que se meurt, dans les bois vermeils, la clameur de Tristan le fou sur Yseult au dernier sommeil.

Un roi Charles, aux halliers du Mans, aboie devant le bleu fantôme qui lui prédit grave et dément, l'écroulement de son royaume !

Et voici, voici bien pourquoi l'âme est errante et désolée, tels ces brouillards de la vallée que déchirent l'arbre et le toit :

elle va sans but, sans désirs, poussée vers l'étrange avenir, du vent lointain de nos soupirs — et se déchire aux souvenirs.

Hélène en fleur.

LA PLUS PETITE ÉGLISE DU MONDE

Oui. C'est une petite église qui n'a qu'un seul enfant de chœur, un seul curé pour les offices, nommé Père... de tous les Vices, mais l'enfant de chœur c'est mon cœur.

On l'appelle ici Notre-Dame (en ce Mort-sur-Vie) de mon âme. On ne saurait rien dire d'elle, sinon qu'elle abrite la brise du Printemps et les hirondelles.

Ce sont là ses seules fidèles? On dit (racontar du Printemps) qu'il miaule de temps en temps un petit chat dans sa chapelle. Vous parlez d'une clientèle!

Hors moi-même une ou deux fois l'an Paul Verlaine, un vieil égrotant, François Villon, fils des autans, Shakespear tremblant sous ce foulard que vend la Tamise aux brouillards,

Cervantès un if, Dante un pif, tous deux courbés sous des rafales; toujours en retard, c'est un art, mon souffreteux si cher, Nerval, traînant sa corde pour plus tard.

Vous parlez d'une ribambelle!... Suis-je à mon église infidèle? Sous la Croix un peu de travers et qui toussote au vent d'hiver, une horloge est au-dessus d'elle.

On n'entend rien... écoutez bien... le tic-tac est sans doute ancien... que les aiguilles d'or sont frêles!... musiques! j'attends un vieil air. *Dame Angot* ou *Cadet-Rousselle*.

Muette — et sans en avoir l'air — elle marque une heure éternelle.

Inédit.

BALLADE DE L'HOMME A LA BARRE

à mon petit-fils
Claude Bergouignan.

Il naviguait bâbord amures quand la vigie lui signala ce brick à la triste figure, dont le foc rasait le ciel bas,

là-bas, là-bas vers les Açores où l'avait quitté Magdelène la gitane qui lui fit peine, se foutant de son foutu sort.

La nuit on voit, on ne voit pas, on voit la figure de proue qui s'avance... « Ah ! c'est ma sirène, ses yeux, nez, bouche, tous ses trous ! »

On n'est plus marin, on démarre, loup-de-mer on lâche la barre, on part vers le je ne sais où... Sans ouïr lointaine guitare,

vous emporte, amour, le ressac ! vous dévore, amour, le mérou ! — Et c'était, lui, Jean Le Manach né natif gars de Plouzivou !

Inédit.

CHANSONNETTE DU SOUVENIR D'AMOUR EN NOTRE JEUNESSE

Souviens-toi de ces nuits d'étoiles où s'en fut notre adolescence rêver et Vie et Mort sans voiles, mais toutes deux en confidence,

elle était, cette confidence, que rien n'échappe aux amoureux, qui devinent tout, le silence et les intentions de Dieu,

elle était que tout, à l'entour, sombrait heureux dans le silence et faisait alors le grand tour de l'abîme ou de son absence,

puis elle entraînait notre Amour aux voies lactées des violettes, vers nos caresses de velours, baisers soulevant ta voilette,

la lune qui suivait toujours nos pas, semblait suivre la France. Parce qu'on pleurait, mon amour, le paysage était immense.

Inédit.

SE BIEN AIMER

Se bien aimer n'est fumée, c'est assurer sa vieillesse
des souvenirs de caresses, mon adorée bien-aimée.

Voilà toute la richesse que l'on aura, béquillards,
aveugles, et loin sans cesse de nous-mêmes. O faiblesse

de la Vie en vie à peine. Nous n'aurons que ce poème
et nous n'aurons plus les arts… Il faut s'aimer, ô Aimée !

Inédit.

BALLADE DE L'OMBRE DE LA MAIN

Tout est fugitif en ce monde. Voire même les découvertes.

J'étais en l'auto découverte que conduisait alors ma blonde.

Je saluais tout à la ronde. Je saluais notre Destin,

le Baiser proche, l'Art qui sonde, et même la lune au lointain.

Et je voyais sur le chemin passer l'ombre, passer l'ombre…

Et je voyais sur le chemin passer l'ombre de ma main.

Inédit.

BALLADE AU TEMPS DE MA COURTE FOLIE

Ce fut très court. Ce fut atroce. Le médecin tâtait mon pouls. D'un train de Louis XVI en carrosse, mon sang fuyait dessous son pouce.

Ma cervelle était homicide. Je voulais tuer le roi de Thunes. Et les heures passaient fluides comme la clarté de la lune.

Soudain, je me dressai tranquille. « Voyons, ne te fais plus de bile, me disait mon ange gardien. Tu n'as rien eu. Mais rien. Mais rien. »

Pleuraient vos yeux, ma mie!... — Les rosses! — Ce fut très court. Ce fut atroce.

Inédit.

CHANSON DU VENT ROUGE

à mon fils
François Fort.

Le vent rouge a ce soir soufflé comme un vampire, lutté contre mes murs et bu tout mon étang.

Parmi les roseaux secs, il fourrageait autant que la bise en tempête aux drames de Shakespeare.

Alors j'ai vu la chambre où mon âme hulule, flamber comme un sarment aux feux du crépuscule.

Un jardinier du
jardin de France.

BERCEUSE

Le rossignol chante ce soir l'oubli au fond des bois noirs.

Que d'espérances envolées, pour une qui t'est fidèle !

Pour une clarté dans le ciel, quel orage amoncelé !

Pour une maison qui t'appelle, que de maisons écroulées !

Que d'espérances envolées, pour une qui t'est fidèle !

Le rossignol chante ce soir l'oubli au fond des bois noirs.

Poèmes de France.

APRÈS UNE MALADIE

Je fus encore bien longtemps (cela dura jusqu'au printemps) à vivre entre doux et hagard, à faire craindre de ma part

la vraie absence ou quelle suite plus horrible à la méningite… Qui me sauva dans mes transports ? — Maman plus forte que la mort.

Et l'avril me vit un beau jour mener deux pas hors la maison ; en mai je pouvais faire un tour jusqu'au tilleul de l'horizon.

Je dus redéfinir le monde, me questionner sur la fonction de chaque être en la création, de chaque chose, et me répondre.

Laquelle coule ? Une rivière. Lequel s'y penche ? Le pêcheur. Laquelle embaume ? L'île en fleurs. Lequel gronde et vient ? Le tonnerre.

Oh ! le triste questionnaire ! Oh ! ne plus savoir tout par cœur ! Laquelle coule ? Une rivière. Lequel y passe ? Le passeur.

Lequel sonne au loin ? L'angélus. Sonne longtemps ? Oui, l'angélus. Laquelle sonne à présent ? L'heure. Un, deux, trois, quatre, cinq… six… sept ?… L'heure…

Lequel, au profil des guérets, sur l'horizon clair se dessine ? Le laboureur. Lequel s'incline ? Le laboureur a respiré.

Lequel fait feu ? — ah ! le chasseur. Lequel se meurt dans l'herbe tendre ? Un lièvre. Et qui bat fort ? Mon cœur. Il m'a fallu tout réapprendre.

L'Aventure éternelle
Livre III.

COMPLAINTE
DES CHATEAUX RUINÉS EN HIVER

Lusignan, les Baux, Coucy, blancs castels transis, et Saint-Cloud roi des automnes,

n'est-ce pas que c'est navrant d'être au vif du vent, quand la neige tourbillonne ?

★

Ce lac prisonnier des joncs, comme ses frissons ruinent le reflet des ruines

du château de Lusignan réfléchi froidement par les « bains » de Mélusine !

★

Ce donjon sur le coteau, jailli droit des Baux, s'ouvre à toutes les rafales

qui se choquent dans ses aîtres, il gronde et peut-être que sa pierre friable a mal.

★

Les cinq tours de mon Coucy (je vous parle aussi), qu'êtes-vous sous l'argenture

des frimas ? cinq blancs hiboux qui grelottent sous une pleureuse verdure ?

★

Messieurs, venez par ici ; voyez donc ceci : remarquez bien : c'est Saint-Cloud.

Depuis un terrible hiver, ah ! c'est grand'misère ! il n'en reste rien du tout.

★

Lusignan, les Baux, Coucy, blancs castels transis (et Saint-Cloud imaginaire)

n'est-ce pas que c'est navrant de sembler vivant, quand la mort est dans les airs ?

La Tristesse de l'homme.

SONGE D'UNE NUIT D'ÉTÉ

La rose libre des montagnes a sauté de joie cette nuit, et toutes les roses des campagnes, dans tous les jardins, ont dit :

« Sautons, d'un genou léger, mes sœurs, par-dessus les grilles. L'arrosoir du jardinier vaut-il un brouillard qui brille ? »

J'ai vu, dans la nuit d'été, sur toutes les routes de la terre, courir les roses des parterres vers une rose en liberté !

Mortcerf.

OPHÉLIE

Le soir a dit quelque chose au vent triste des grands bois.

« A quoi songe la lune rose dans la source où tu la vois ? »

« Dans la source où nage une rose, plie un long roseau qui boit. »

La joue d'Ophélie se penche sur le reflet de son bras qui retombe en l'eau profonde et toute Ophélie s'en va…

La lune a dit quelque chose au vent triste des grands bois.

« Un roseau ? Mais non, c'est *elle*, cueilleuse du songe éternel. »

Mortcerf.

LA REINE ET LE ROI

— Mon cher seigneur, mon roi, sais-tu comme ils t'aimaient, ma poitrine, mes bras et mes yeux violets ?

Ma bouche conte au vent ce qu'elle n'ose te dire. Tu m'as prise pour rire, pour pleurer et gémir.

— Contez, fille de roi qui n'êtes plus contente, au vent qui n'est pas moi, car le vent se tourmente,

l'aventure éternelle. Faites-en donc autant, girouettes de mes tours où bavarde le vent !

Mortcerf.

COMPLAINTE DU ROI ET DE LA REINE

Tout vêtus de noir, la reine et le roi s'en vont dans le soir, s'en vont par les bois.

Elle a le collier et lui, l'agneau d'or. — « Reprends le collier, notre amour est mort. »

— « Tu m'as aimé, reine, puis-je l'oublier ? Prends cet agneau d'or, garde le collier.

« Taisons, taisons-nous sous la lune blanche. Adieu pour adieu sous les voix des branches. »

Une ombre au château, seule, repassa. Une ombre, un peu d'or fuyaient sous les bois. —

Que dirais-je encore qui n'ait été dit sur les amours morts dans les belles nuits ?

Dire que jamais le ciel ne s'accorde avec notre vie et ses fantaisies ?

Aimez, c'est l'orage qui vient en décor. Souffrez, sur nos rages la lune sourit.

Sur nos amours morts, c'est le ciel en or : bel exemple, oh oui, d'amours infinis.

La complainte, ici se meurt de tristesse. — « Une reine, un roi s'aimaient de tendresse. »

La complainte, ici, se meurt de paresse. — « Mais qu'ils sont petits, nos amours terrestres... »

Ballades françaises.

COMPLAINTE DU PETIT CHEVAL BLANC

Le petit cheval dans le mauvais temps, qu'il avait donc du courage ! C'était un petit cheval blanc, tous derrière et lui devant.

Il n'y avait jamais de beau temps dans ce pauvre paysage. Il n'y avait jamais de printemps, ni derrière ni devant.

Mais toujours il était content, menant les gars du village, à travers la pluie noire des champs, tous derrière et lui devant.

Sa voiture allait poursuivant sa belle petite queue sauvage. C'est alors qu'il était content, eux derrière et lui devant.

Mais un jour, dans le mauvais temps, un jour qu'il était si sage, il est mort par un éclair blanc, tous derrière et lui devant.

Il est mort sans voir le beau temps, qu'il avait donc du courage ! Il est mort sans voir le printemps ni derrière ni devant.

Mortcerf.

ICARE

Fougueux, sa chevelure fouettée des vents de mer, quel homme traîne ainsi le vertige à ses pieds ? Son long cri de triomphe enlace les vallées de longs cercles d'échos tournoyant dans les airs.

Aurore ! est-ce un esprit échappé des enfers ? Quel homme, avec deux ailes d'or, s'est envolé ? Il traverse en criant le ciel couleur de chair, qu'une aube verte encor glace de ses lauriers.

Il va. Le soleil monte. Il atteint sa lumière, se couvre des rayons comme de plumes d'or, les perce de ses ailes, et va plus vite encore. Son image et son ombre le suivent sur la mer.

Il court, il nage, il monte dans la chaude atmosphère, et s'y roule et s'y plaît. Quel homme ose voler ? A la renverse, il plonge, et c'est l'azur ! O sphères !… Son épaule plus largement a palpité.

Que l'azur est aisé ! Il y tombe en volant ; son vol semble à loisir couler en gravissant. Il traverse, il déchire la grille bleue des vents, et rit, ayant brisé leur fragile prison.

La terre le regarde : il n'est plus qu'un point faible, un point d'or qui se perd dans les vols d'hirondelles. Lui, cherchant dans l'abîme son image incertaine, rit de voir, sur la mer, Icare décroissant.

Il rit, il vole, il rit, il monte, il a des ailes ! Il fait pour son plaisir la conquête du ciel, sur ses membres luisants voit l'azur qui le frôle, et frotte amoureusement sa joue sur son épaule.

La terre l'a suivi, les hommes l'ont suivi — amour ! — les yeux des hommes et les sommets du monde. L'effort d'un seul, amour ! a vaincu l'inertie, et la mer, qui le mire, s'est levée vagabonde.

De nouvelles montagnes s'ébauchent dans un cri. La terre parle et s'émeut : les rochers et les chênes, les plateaux de bruyère où s'étirent les nuits, sont sa voix. Oh ! parlez en vous sculptant, les plaines !

Et la foule des hommes, ardente, s'est levée, et tous les hommes sentent, sur les rochers gravis, levant les yeux, levant les bras vers l'insensé, les veines de leur front battre d'amour pour lui !

Icare, cependant, suit son vol qui l'amuse. Il connaîtra le ciel et d'où nous vient le feu, et, comme sur la mer affleurent les méduses, il verra de l'azur sortir les fronts des dieux.

Ah ! que vient-il ravir ? il veut connaître, il aime. Ah ! qui veut-il surprendre ? il vient voir pour aimer. Qu'y a-t-il derrière ce bleu ? les dieux qu'on aime. « S'il n'est que moi qui passe, s'il n'est rien dans les cieux,

» je suis Icare enfin ! s'il n'est que moi, je m'aime ! O dire enfin : mes frères les hommes, nul ne blasphème que contre soi. Grand ciel ! si chacun est son dieu, les hommes pourront bien alors s'aimer entre eux. »

— Et tes ailes de cire fondaient... O dieux barbares ! La foudre vint ravir tes ailes périssables. Va, suis l'orage, tombe, reviens-nous, doux Icare ! — Mêlons nos pleurs d'amour aux gouttes innombrables.

Mais toi, Grèce, ô pays des gouffres et des ailes, limpide du cristal des vallons abrités, dans ton geste de foi vertigineux, plus belle, demeure vers l'azur éternellement sculptée !

Les Idylles antiques.

LA TRISTESSE DE PAN

L'alouette a jeté vers le ciel sans échos son dernier cri d'amour. Déjà les blés reçoivent, se fermant sur l'oiseau, la dernière pensée du jour. Un oblique rayon frôle encor les épis, remonte vers la nue; tout droit sur l'horizon il brille, et tombe ainsi dans l'abîme inconnu.

Pan a levé ses yeux d'étoile au ras des blés. Ils éclairent la flûte appuyée à sa lèvre. Ils éclairent la nuit, les barbes des épis, et ses dix doigts fuyant sur le roseau qui luit.

O poitrine où soupire un collier de grains d'ambre (sont-ce des lunes rangées sous un nuage sombre?), ô poitrine velue, ces deux yeux vous éclairent! Ils éclairent — est-ce un rêve? — dans ce camée d'opale suspendu au collier, la face pâle et morte de Diane.

Et moi, pensif gardien du champ, ai-je reconnu Pan à ses cornes baissées, qui, soupirant, regarde sa parure? Soudain, pour un soupir plus grand, il a versé — il a versé sa nuque au ras des blés nocturnes.

Et bercé par leurs flots, il module la voix de sa flûte où vont ses doigts.

Oh! comme un chant d'extase peut éclairer les blés! Pan lève un doigt, souffle et module, et moi, troublé veilleur des champs, je vois, de son haleine et des sons modulés, se former doucement la lune.

Rapide elle a glissé sur la mer des épis, la douce lune, comme une bulle, et puis elle est montée au fond du ciel nocturne.

Et Pan, au fond des blés lunaires, s'accouda.

Alors, d'un bois voisin, le rossignol chanta vers cette pleine lune si belle, qui, sur les trilles montants de sa petite voix, se soutient mieux, semble en repos — mieux qu'une fleur sur un jet d'eau.

Pan s'était tu, le laissant faire, inattentif à son roseau, et triste, accoudé sur la terre, il soupesait, d'un doigt tremblant, tout son collier de lunes mortes.

Songeait-il aux dieux morts ? il soupira longtemps. Songeait-il aux travaux que refaisait sa flûte : aux fleuves, à la brise, aux forêts, à l'aurore, à toute l'œuvre des dieux morts ? Rêvait-il aux Enfers éteints par leur chute ? Songeait-il à son âme, à sa flûte de flamme, lui, le dieu vivant ?

Il vit le regarder le camée de Diane.

Et soudain, vers la terre, Pan jeta, pour toujours, le cri suprême de l'amour !

Coxcomb.

L'ESPOIR EN DIEU

L'espoir en Dieu que je m'en vais cherchant, où donc est-il ? plus loin dans la prairie ? plus loin encore au fond du bois fleuri ? plus loin, plus loin, tout à la fin des champs ?

Où donc est-il ? au zénith du ciel bleu ? contre ce mur où l'on dort au soleil ? sur l'étang clair ? dans le coin des abeilles ? ce verger rouge, est-ce l'espoir en Dieu ?

Dans la rosée qu'un soir de lune irise, puis évapore, ai-je enfin retrouvé l'espoir en Dieu qui se redivinise ? Par Dieu lui-même, hélas ! tout est rêvé.

L'espoir en Lui que je m'en vais cherchant, est-il du monde ? Allons, ô ma démence, trouver, plutôt que de l'espoir aux champs, dans les déserts la mort et le silence.

Nocturnes.

LE ROUGE-GORGE

Bleu de lune est mon blanc village endormi. Son cœur qui s'éteint là-bas, c'est la forge. Dors, dors, petit oiseau de la prairie ; dors doucement, joli petit rouge-gorge.

Dieu t'éveillera quand il sera temps. Sur ton rameau d'arbrisseau, sois content. La lune met, d'une main de zéphyr, trois feuilles de bouleau pour te couvrir.

La lune et le rêve à ma porte ont dit : « N'y a-t-il pas ici un doux enfant, couché par sa mère entre des draps blancs ? » Lune, rêve, hélas ! il n'est qu'un maudit

regardant s'éteindre à jamais pour lui, dans son bourg natal, le cœur de la forge. Dors, dors, petit oiseau de la prairie ; dors, doucement dors, joli petit rouge-gorge.

Nocturnes.

LA MORT DES VOILES

Remous de la mer autour des rochers, à l'heure où s'engouffre un soleil banni dans l'abîme noir, tragique harmonie, voix confuses des sirènes cachées,

vous me faites peur quand je vois sortir, d'une anse embrunie, ces bateaux légers, qui penchent leurs voiles comme pour ouïr le râle infini de l'astre immergé.

Où prétendez-vous, voiles vagabondes ? Mon regard vous perd : la nuit est tombée. J'entends le remous. C'est tout. La grande Onde avec le soleil vous a résorbées.

Quand le ciel déploie sur la mort des voiles son drap mortuaire aux larmes d'étoiles, j'ai peur que réponde aux cris des marins le grand cri de mort des soleils éteints !

Nocturnes.

LA BELLE AGNÈS EST MORTE

Un flot qui les emporte a nos ponts déchirés. La belle Agnès est morte. Pleurez, Loches, pleurez.

Chinon, Tours, la Capelle, noyez-vous sous les eaux, hélas ! et plus qu'icelles son petit Roberdeau

où Charles, fils d'un fol, aux roseraies d'antan, pleurait sur son blanc col les malheurs du vieux temps.

Non, il n'est plus d'espoir en cette grande alarme. Combien vers le ciel noir la Touraine a de larmes !

Pleurs de miséricorde, Dieu vous prenne en souci. La Loire en pleurs déborde, l'Indre et le Cher aussi.

Nos Dames de Fierbois, de Cléry-z-et d'Oé, pitié pour tous nos bois, pour tous nos champs pitié !

Mais il faudrait prier qui pleure en Jésus même. Le roi Charle a crié : « C'est la Sainte que j'aime,

qui versa tant de pleurs sur les divins pieds nus du Roi notre Sauveur, et qu'adora Jésus ! »

Abbesses, nonnes, toutes les sœurs de nos couvents, tourières, sœurs-écoute, par le flot, dans le vent,

sur des barques voguantes, priez la Madeleine, sainte pleureuse amante que Dieu sauve *Touraine*

des larmes d'un roi fol, de la rosée des Lys, — qu'il sauve ce pays et les ondes s'envolent !

La tendre Agnès est morte. Pleurez, France, pleurez ! Cette eau qui les emporte a vos Lys déchirés !

Que j'ai de plaisir d'être français.

BERCEUSE POUR LES AGONISANTS

Il ne faut pas croire à la mort. Voici le soleil radieux vers la terre et sur vos yeux. Ne versez plus de vaines larmes, le ciel est clair comme votre âme, elle éclaire l'ombre oublieuse, — et voici la mort radieuse.

Il ne faut pas croire à la mort. Voici les oiseaux hors des cages du bois sombre et silencieux. Ne versez plus de vaines larmes, le ciel chante comme votre âme, elle n'est plus silencieuse, — et voici la mort radieuse.

Et voici la mort lumineuse et chantante, et voici la vie. Voici la perle de votre âme qu'un ange éperle dans le calme, et voici les voix musicales et radieuses des archanges.

Ils chantent, inentendus de ce monde qui méconnut son éclat envolé du ciel. Mais la mort est venue fidèle. Et le ciel chante dans le ciel vers cette étoile reconnue.

Mais voici la fin lumineuse. Le ciel est pur comme votre âme. — Il ne faut pas croire à la mort, voici calme votre visage, votre âme est fraîche comme son calme... Le ciel est jeune comme votre âme.

Et voici la mort advenue, et voici la vie reconnue où tant d'âmes sont lumineuses, toujours et toutes radieuses. L'autre vie n'était qu'un orage. Mais voici pur votre visage, — et voici la vie heureuse.

Ballades françaises.

PAR MÉLANCOLIE

Lorsqu'au fond des bois j'entends se plaindre l'étang, rouge du soir qui s'achève,

tout percé de ses roseaux se dressant sur l'eau, comme un cœur percé de glaives,

je me dis : ah ! qui pourrait loin de ses guérets, trahi par tous ceux qu'il aime,

qui pourrait, avec sang-froid, entrer dans ces bois sans une tristesse extrême ?

Quelqu'un approche pourtant. Sous l'aunaie j'entends qu'un homme en l'ombre se traîne,

étang douloureux, vers toi ! L'homme est aux abois, fantôme pâle et sans haine.

Appelle, eau des bois, appelle, étang des sarcelles, homme et nuit lents à venir

vers ta surface morose où bat l'aile fauve du couchant lent à mourir…

Le cerf brame en ses ennuis, et soudain il fuit ; un chien hurle au fond des plaines.

Le hibou dans la broussaille, les yeux clos, tressaille, et vers la lune soupire.

Accueille, étang douloureux, l'homme malheureux qui s'en vient noyer sa peine

et ne put avec sang-froid entrer dans ces bois sans une tristesse extrême,

sans déjà la mort en lui, par mélancolie, sans plus rien du monde… c'est moi.

La Tristesse de l'homme.

LA CHAPELLE ABANDONNÉE

Elle se reflète dans une mare où les rainettes vont chanter, où le clair de lune vient boire, où les nuages vont pleurer.

C'est une pauvre petite chapelle, sans croix, sans vitraux, sans clocher; ni saints ni Vierge et pas d'autel, jamais une âme pour y prier.

Ses fidèles sont les brins d'herbe et la frileuse giroflée, qui regarde par la fenêtre et ne cesse pas de trembler.

De la route on la voit à peine, mais on la voit, et par la baie, sur l'éboulis qui fut l'autel, l'azur encor frais de son ciel.

Elle est, sous un saule pleureur, la triste amie des hirondelles. L'araignée y sort de son cœur des voiles tout mouillés de perles.

C'est une douce petite chapelle qui garde les trésors du monde : le silence, la pauvreté, l'ombre et la chasteté de l'ombre.

Tous les trésors ? hélas ! mon Dieu, l'illusion est morte en elle, malgré son toit qui vers les cieux monte berçant un bouleau grêle.

Ainsi que deux mains en prière, le buis bénit entre les doigts, montent les deux côtés du toit : c'est une pauvre petite chapelle qui frissonne de tous ses lierres, la porte ouverte à l'étranger. La nuit d'étoiles passe en elle ; c'est la cabane du berger,

et mon asile... Elle me sert à me cacher dans ma misère. Souvent elle me voit pleurer — pourquoi ? pour rien, pour me distraire —

la tempe couchée sur la pierre, le front coiffé de giroflées (même elle prend pour des prières mes petits sanglots étouffés)

le jour quand je n'ai rien à faire, et la nuit quand je baye aux fées.

La Tristesse de l'homme.

LA CABANE DU PAUVRE

Devant l'étang rouge aux sarcelles, la cabane entre les roseaux marmotte sa peine éternelle, devant l'étang rouge aux oiseaux.

L'étang reflète le bocage où le soir brûle dans les feuilles, où rêve, petite et sauvage, la cabane qui s'y recueille.

Abri du pauvre sous les cieux, c'est la maison des planches frêles. La cabane se songe un peu devant l'étang rouge aux sarcelles...

Parce qu'elle est abandonnée, elle divague et parle aux choses : banc, canot, rames ruinés et joncs berçant leurs pointes roses.

Abri d'un pauvre sur la rive, son toit est couvert de roseaux : elle parle donc aux roseaux d'où sombre en pleurs la rosée vive.

Elle répond même aux grands bois qui lui murmurent : « Où est-il ? » — « En guerre. » — « En guerre ? est-ce l'exil ? » — « C'est où l'on meurt loin de son toit.

» Je sais qu'il vous aimait, grands bois, et vous, parfums d'eaux et de terre. Mais plus que vous encore, moi, j'étais son bien dans sa misère.

» Si j'en crois, si j'en crois le vent, roseaux, feuilles, il meurt pour vous... » — « Ho ! ho ! » font les bois et l'étang. — « ... et pour la France et moi surtout.

» Surtout, je sais qu'il pense à moi et à mon ancienne fumée, qu'il se voit mourir sous mon toit devant ce grand soir embaumé.

» Le pauvre en sa cabane dort, sa cabane entre les roseaux, le pauvre en sa cabane est mort, devant l'étang rouge aux oiseaux. »

Abri d'un pauvre sur la terre, la cabane est dans ses pensées. Rêvant de l'âme au trépassé, elle se croit moins solitaire.

La table, une hache rouillée, le vieux filet, le vieux fusil, un broc, la chaise dépaillée, à son âme parlent de lui.

L'étang reflète la feuillée. Le jour y meurt entre des feuilles où semble un pauvre agenouillé la cabane qui se recueille.

Seuls les roseaux pleurent son deuil. Abri d'un songe au bord des eaux, elle parle donc aux roseaux, elle parle donc aux roseaux...

et contant sa peine éternelle, glisse — et va trouver son tombeau dessous l'étang rouge aux sarcelles, dessous l'étang rouge aux oiseaux.

Si Peau d'Ane.

LE VIEUX MENDIANT

J'ai vu de bonnes gens. J'ai vu de saintes gens, mais je n'ai jamais vu mon chapeau plein d'argent.

Il tremble tout crasseux devant ma mire grise… Une gargouille en vie est tombée de l'Église ?

Je grogne. O jeune enfant, ton sou neuf me désarme. Pardon si j'ai la gueule argentée de mes larmes.

J'en ai pourtant compris, estimé, vu des choses, hommes-loups, femmes-chiens et la neige et les roses.

Aux socs de mes pieds nus raboteurs des ornières, j'ai vu par grands copeaux se lever la poussière.

J'ai vu la fée un jour au bord de mes vingt ans, et de l'avoir vu fuir je pleure en mon vieux temps.

Que de fois j'aurai vu — tendresse de mon cœur ! — la flamme du fusil abattre un lièvre en fleur.

Hôte de ces bois noirs, souvent j'ai vu l'orage nous balayer le ciel d'un balai de feuillage.

Ah ! tout ce que j'ai vu ! J'ai vu pendant nos guerres saint Michel éclaireur de Jeanne la Guerrière.

Il la baisait au front, torche haute ou avant. J'ai vu bien des guirlandes d'Amours dans le vent.

Hier j'ai vu, c'était la Sainte-Niquedouille, à travers l'arc-en-ciel l'averse des grenouilles.

Mais je n'ai jamais vu — pieuses bonnes gens — non, je n'ai jamais vu mon chapeau plein d'argent.

L'Alouette.

LE DIT DU PAUVRE VIEUX

Quand le froid vient me saisir, je me mets à réfléchir.

Dans les jours de ma jeunesse, l'été je fauchais le foin,

l'automne je battais le grain, l'hiver je chauffais mes mains.

Je n'ai pas dans ma vieillesse, même un chien qui me caresse

et me chauffe un peu les mains de sa langue de bon chien.

Décembre, toujours décembre. Jamais de feu dans la chambre.

Las ! tous les boutons des portes me sont de glace. Mais qu'importe !

Tous les cœurs me sont de glace. Alors je passe, je passe…

Si je rentre ou si je sors, c'est toujours le même sort.

Mes yeux sont tournés vers l'ombre et dehors je ne rencontre

sur la route que des chagrins, dans les bois que des tourments

même au souffle du printemps. Je rentre et, croisant les mains, je m'assieds, j'attends un brin que je sente couler mes larmes.

Je chauffe mes mains à mes larmes, puis tâtant cherche mon pain,

puis le froid me ressaisit. Je tombe. Je réfléchis.

La Tristesse de l'homme.

LE DÉPART DU CONSCRIT

Habille-toi, l'heure est venue, — jeune soldat, courage — le tambour bat dans l'avenue et le soleil passe en revue tous les petits nuages.

La rouge aurore en ta chambrette — jeune soldat, courage — a mis du sang dans ta cuvette ; on entend chanter l'alouette sur les bleus paysages.

Puisqu'il te faut partir en guerre — jeune soldat, courage — essaie un juron militaire ; pourtant n'éveille pas ta mère, ni son calme visage ;

pars et laisse-le sommeiller, — jeune soldat, courage — il rêve, au creux de l'oreiller, que Noël emplit tes souliers des jouets du jeune âge,

il rêve encor si doucement, — jeune soldat, courage — le visage de ta maman, au grenier, à l'escalier blanc où tu menais tapage,

il rêve encore à ces beaux jours — jeune soldat, courage — où tu battais, comme un pandour, de ton doré petit tambour, par les rues du village.

Traverse le jardin des fleurs, — jeune soldat, courage — pousse la porte avec ton cœur, ne réveille pas la douleur, ni les oiseaux en cage.

Avec des larmes sur ton nez — jeune soldat, courage — il ne faut pas te retourner, la maison grise où tu es né pleure dans les feuillages.

Elle pleure au matin rosé — jeune soldat, courage — de tendres larmes irisées, elle pleure de la rosée, comme hier sous l'orage.

Ta mère, à l'abri de ces pleurs, — jeune soldat, courage — au petit tambour de son cœur, dort, les yeux clos sur ton bonheur : l'amour est son partage.

Elle te sent plein de vaillance — jeune soldat, courage — et bientôt pour ta récompense, te voit beau maréchal de France traversant le village.

Non, non, ne te retourne pas, — jeune soldat, courage — elle ne mettra plus ses bas, ne coudra plus sous les lilas : c'est la faute au vieil âge.

Elle rêvait aux durs combats — jeune soldat, courage — et puis elle est morte et sembla... les voisins te diront cela à ton prochain passage...

sembla rouvrir des yeux d'enfant — jeune soldat, courage — quand tu passas superbement, en tête de ton régiment, devant ses mains et son visage.

L'Alouette.

NOTRE-DAME DE SOUS-TERRE

FRONT DE CHAMPAGNE
1915

Haute comme un rat, l'on te voit sur le mur blanc strié de bistre ; du plafond aux lichens sinistres, des gouttes d'eau tombent sur toi.

Fruste sans doute, mais jolie, sculptée en un buis champenois, nous t'aimons tous à la folie. Nous t'adorons. Voilà pourquoi

nous te fîmes en camarades, à coups de pioche, une cachette. O vierge de vingt centimètres, c'est toi qui protège l'escouade

et qui, de tes bras étendus, réconfortes nos cœurs d'enfants, nous donnant la force ingénue de tes divins bras triomphants.

Ce n'est rien qu'un shrapnell barbare t'ait coupé la tête, madone. Nous te vengerons. Pas trop tard. Nous haïssons qui tu pardonnes

en ta grand'débonnaireté, ce kaiser indigne du jour, et bien le plus fieffé pandour de toute la chrétienté.

Vraiment lui pardonneras-tu, lorsque Jésus fera sa ronde à Josaphat, et qu'aux vertus, sans doute, il jugera son monde ?

Vraiment lui pardonneras-tu, au fatal Jour du Grand Tonnerre ? Souffleras-tu point à Jésus ce que tu nous vis de misère en ces tunnels ? en ces cagnas ? — Soient payés nos beaux jours fauchés d'une éternité de tranchées, dans les enfers, par ce gars-là,

maudit chef de démons rebelles, à sa chute prédestiné : obtiens-lui la Geôle éternelle devant Lucifer pardonné !

En attendant, Vierge pauvrette, nous t'avons remplacé la tête par un touffon de gazon vert cueilli dessous nos fils de fer.

Si ta lèvre est un mouron pâle, deux pâquerettes sont tes yeux... qui sont les premières étoiles que nous irons voir dans les cieux,

car — ceci dit — nous te devrons, petite Vierge tutélaire, de mourir gais et fanfarons, ô Notre-Dame de Sous-Terre,

de mourir tous, l'âme ravie, pour la France couleur de lin, malgré la lumière et la vie dont nos yeux d'enfants seront pleins.

Que j'ai de plaisir.

HYMNES

HYMNE AU PLUS IMMENSE AMOUR

Est-ce par deux hasards que mon cœur vit d'amour? Naissant, m'ont rencontré tes cloches, Cathédrale de Reims. Et puis, ma mère, une âme sidérale, m'a fait aimer le ciel que j'aimerai toujours,

aussi bien ses nuages aux basses rougeurs, son aurore aux oiseaux et ses vastes déserts de turquoise, aussi bien ce qui s'ouvre au courage de l'âme survolant ton Paradis, Seigneur!

— d'où se survole mon amour de l'univers. Ce n'est point par hasard que j'aime les orages. Ce n'est point par hasard que « m'aiment » nuits et jours. Et ce n'est par hasard que mon cœur vit d'amour.

Inédit.

HYMNE A LA MER

Grande Mer, on s'est trop disputé ton empire, grande Mer que des fous croyaient s'entreravir, quand tu laissais voler flèches ou feu qui gronde, ne songeant en toi-même qu'à réfléchir le Monde !

Souviens-toi, tu berçais de la Grèce ou de Rome les flottes englouties soudain comme une sonde. Avant même, et depuis, qu'as-tu fait des navires, des « Argo », des galions, ces rêves qui chavirent,

des hauts-bords fracassés, penchés sur tes miroirs, et qui levant la proue sombraient tout doucement ? Les vaisseaux engouffrés, tes miroirs pleins de sang se rejoignaient, tombeau de quelque vaine gloire.

Rien de mortel peut-il, Mer, te donner à vivre, calmer la soif de ciel dont tes miroirs sont ivres ? N'est-ce pas l'Autre Monde qu'il te faut réfléchir quand tu veux apaiser tes miroirs bondissants ?

Ce n'est qu'au bord du ciel que s'usent tes tempêtes, dressées comme l'Espoir dans l'azur frémissant ; c'est partie vers la nue aux appels des planètes, que tu rêves d'amour en les réfléchissant.

Dans les hautes marées montez, flots éternels, montez éperdument jusqu'aux espaces pâles où la mer du Chaos, sur les plages du ciel, a déposé le sel infini des étoiles.

Montagne. Forêt. Plaine. Mer.

HYMNE DANS LA NUIT

L'ombre, comme un parfum, s'exhale des montagnes, et le silence est tel que l'on croirait mourir. On entendrait, ce soir, le rayon d'une étoile remonter en tremblant le courant du zéphyr.

Contemple. Sous ton front que tes yeux soient la source qui charme de reflets ses rives dans sa course... Sur la terre étoilée surprends le ciel, écoute le chant bleu des étoiles en la rosée des mousses.

Respire, et rends à l'air, fleur de l'air, ton haleine, et que ton souffle chaud fasse embaumer des fleurs, respire pieusement en regardant le ciel, et que ton souffle humide étoile encor les herbes.

Laisse nager le ciel entier dans tes yeux sombres, et mêle ton silence à l'ombre de la terre : si ta vie ne fait pas une ombre sur son ombre, tes yeux et sa rosée sont les miroirs des sphères.

Sens ton âme monter sur sa tige éternelle : l'émotion divine, et parvenir aux cieux, suis des yeux ton étoile, ou ton âme éternelle, entrouvrant sa corolle et parfumant les cieux.

A l'espalier des nuits aux branches invisibles, vois briller ces fleurs d'or, espoir de notre vie, vois scintiller sur nous, — scels d'or des vies futures, — nos étoiles visibles aux arbres de la nuit.

Écoute ton regard se mêler aux étoiles, leurs reflets se heurter doucement dans tes yeux, et mêlant ton regard aux fleurs de ton haleine, laisse éclore à tes yeux des étoiles nouvelles.

Contemple, sois ta chose, laisse penser tes sens, éprends-toi de toi-même épars dans cette vie. Laisse ordonner le ciel à tes yeux, sans comprendre, et crée de ton silence la musique des nuits.

Ballades françaises.

J'entrai tout petit à la mer, pour m'adonner à la navigation. Cette carrière porte qui la suit à vouloir pénétrer les secrets de ce monde.

Christophe Colomb.

COMME UNE SOLENNELLE MUSIQUE

Ce soir, Christophorus, le douloureux bien-être de ton âme la fait rêver à la fenêtre, souffrir en ces vents doux et parfumés d'oranges, puis s'envoler au ciel rejoindre les grands anges.

La luminosité d'un Rêve qui s'évade, et revient et repart, brille sur l'Alhambra. Ce soir il n'est qu'une âme éveillée dans Grenade, près du torrent Darro chu de la Nevada.

Ce soir toute une ville infiniment dormante ne reçoit pas les feux de la lune sanglante, nuageuse, effrayante en l'ombre et qui dérobe à l'éternel veilleur la moitié de son globe.

Pressentiment, déjà réalité confuse, vous éclairez le front d'un homme ici caché. D'autres soirs, d'autres nuits ont vu ces yeux penchés sur les cartes en proie aux ongles qui les usent.

Christophorus, pour toi les nuits étaient lumière, où tu voyais la face ignorée de la terre. Nul feu chez toi, ni lampe. Une veilleuse austère. Mais jusqu'à Dieu brûlait ton rêve solitaire.

Christophorus, pour toi, au sein des nuits profondes, quelle Nuit lumineuse était l'envers du monde, inconnu, libre encor des chaînes que la sonde abîme dans l'eau vierge à l'ombre des galères !

Christophorus, pour toi, ces marines ténèbres, même en ton désespoir, n'avaient rien de funèbre. Elles resplendissaient d'étoiles au vol prompt illuminant *déjà* la courbe de ton front.

Ce soir toute une ville infiniment dormante ne reçoit nul rayon de la lune sanglante, qu'offusquent les nuages noirs où se dérobe à l'éternel veilleur la moitié de son globe.

Que de soirs, que de nuits ont vu ce front penché sur la mer feinte en proie aux dix ongles qui l'usent ! — O bonheur ! ô douleur ! certitudes confuses, vous soulevez le front d'un homme ici caché ?

Le Temps ouvrant sa faulx erre au-dessus de lui. Navigateur aisé sur la nuée qui fuit, le Temps ouvre sa faulx comme une voile immense et rigide, et Christophorus, yeux clos, y pense...

Ce soir, Christophorus, le douloureux bien-être de ton âme la fait rêver à la fenêtre, souffrir en ces vents frais et parfumés d'oranges, puis s'envoler au ciel rejoindre les grands anges,

avec eux monter, choir, creuser l'abîme et faire le tour d'Océans neufs, d'où surgissent les terres, fidèles, imposées par le Pressentiment, si loin de ces longs murs infiniment dormants.

La luminosité d'un Rêve qui s'évade, et revient et repart, brille sur l'Alhambra. Ce soir il n'est qu'une âme éveillée dans Grenade, près du torrent Darro chu de la Nevada.

Le troupeau des nuées qui passe sur l'Espagne se précipite au ciel sous les cornes d'Eurus ! Bas et haut fond l'orage en feu hors des montages, le tonnerre au torrent ajoute son chorus :

mais l'ample chœur des eaux, mais tout l'air en folie, le Temps ouvrant sa faulx et traversant la nuit, le goût d'un souvenir en ce parfum des fruits, ne sont rien pour Christophorus que l'heure oublie :

« Doutes et questions, sachez la vérité. Les réponses à tout sont de l'autre côté du monde. Un tel secret vous rendit plus fougueuses, caravelles du roi sur la Mer Ténébreuse !

» Cherchant le droit passage vers l'Inde — et l'or vil, sur la Mer Ténébreuse ou courant trois cents îles, j'ai presque mis les doigts aux clefs de vos mystères, Dieu, sciences de l'âme, horlogerie des sphères.

» Trois fois sur la Mer Ténébreuse et ma complice, l'équipage baisant mes mains révélatrices, j'ai suscité le Vrai sur Tout, moi l'esprit fier, et moi le cœur du monde ayant le plus souffert.

» Ce qui pouvait navrer un cœur dans son triomphe, le doute au fond des yeux, les défis, la terreur, et peuple et roi niant à leur Navigateur les vents prédestinés dont ses voiles se gonflent,

» l'oubli de ce qu'on doit à qui seul tient la barre d'un poing sans tremblement et vainqueur du Hasard, les pleutres, s'acharnant à leur perte, à ma perte, l'obscure trahison, la trahison ouverte,

» aux départs, aux retours comme à travers mes courses, m'ont châtié le cerveau, rendu vieux, lâche et fou. D'une troisième errance on est revenu tout cliquetant, pauvre vieux enchaîné comme un ours.

» Quelque jour le bûcher sera ma récompense. Je l'attends de l'Espagne et l'aurais eu de France, de l'Anglais ou du Pape. — Il n'est prêtres ni rois qui ne voudraient souffler sur ma cendre… Et pourquoi ?

» J'ai noyé comme un chat le Passé dans la mer. Sous le drap franciscain j'en porterai le deuil jusqu'à ce que ma chair brille, en brûlant les airs, de tes feux, Avenir ! hôte de mon orgueil ! »

Ce soir toute une ville infiniment dormante ne reçoit pas les feux de la lune sanglante, nuageuse, effrayante en l'ombre et qui dérobe à l'éternel veilleur la moitié de son globe.

La luminosité d'un Rêve qui s'évade, et revient et repart, brille sur l'Alhambra. Ce soir il n'est qu'une âme éveillée dans Grenade, près du torrent Darro chu de la Nevada.

Mais vos tumultes noirs, eaux et vents en folie ! le Temps ouvrant sa faulx sur la nuée qui fuit, l'orgueilleux souvenir en ces parfums de nuit, que sont-ils au vieux cœur qui doute et se dénie ?

« Mon orgueil suffit-il pour vaincre ? Il faut l'astuce. J'en parlais sombrant dans mes pleurs, hier, à Vespuce. L'honnête Florentin souriait longuement… Le sourire console aux plis d'un œil aimant.

— « Je vaincrai, je vaincrai, lui dis-je, cœur affable, aussi vrai que ton petit nom, rare entre tous, ne sera fredonné à voix innumérables que si bien de la gloire en ce monde le pousse !

» Je chercherai plus outre et saurai. Le Problème se résoudra par un continent. J'ai cru même en tirer quelque aveu, maint signe ou vision, d'hommes au teint pourpré comme le poil du lion.

» Les réponses à tout ne seront affrontées qùe derrière le voile en feu de trois cents îles. Plus outre, un long sol d'or amplement habité s'étend comme un grand sphinx tout écaillé de villes.

» C'est là mon but — non point l'Asie — l'Autre Côté, Vespuce ! Oui, par-delà mes îles, je crois bien avoir touché des yeux, humé le terrien Paradis où fleurit la fleur de vérité…

» Hélas ! mais toujours sombre et condamné aux pleurs par la méchanceté d'une cour sans honneur, qui donnerait le monde, en sa hargne obstinée, pour que j'aille aux grands-fonds ou ne fusse pas né,

» moi l'imprévu quêteur des choses incertaines, toujours en faim de vous, distances inhumaines, votre esclave toujours, visions prophétiques, si je plonge en mon rêve, Americ ! Americ !

» si je piète le but, si je parviens au bout, ridicule vieillard ce ne sera que fou. » — Ainsi, mon Dieu ! j'ai dit à cet homme sensible, dont la haine pour moi n'est que de moi visible.

» Maintenant je succombe, oui, je n'ai d'autre force que de rompre une orange et d'en jeter l'écorce. Vespuce ? je n'en ferai pas plus contre lui, s'il vient rôder près de mon seuil, guettant ma Nuit :

» qu'il glisse ! et que son front aheurté sur la porte, éclate et s'ouvre au même instant que les Enfers s'ouvriront, rugissant, à cette âme enfin morte du trop cher homme aimable et dont j'ai trop souffert. »

Ce soir toute une ville infiniment dormante ne reçoit plus les feux de la lune sanglante, nuageuse, effrayée de vivre et qui dérobe à l'éternel veilleur la moitié de son globe.

L'éclat phosphorescent du Rêve qui s'évade et revient et repart, brille sur l'Alhambra… Ce soir n'est-il qu'une âme éveillée dans Grenade, près du torrent Darro que perd la Nevada ?

Une lanterne sourde au ras du sol bercée projette un cône immense et blanc comme le pôle. Derrière et la nuit noire accrochée aux épaules, un homme écoute un homme agitant ses pensées

dans l'air, confusément, en rubans de paroles que rompt le vent mais que l'intelligence achève : un homme écoute — ô sombre écho battant le sol ! — Christophorus fantôme et qui parle son Rêve.

« Comme une mer peuplée de vaisseaux en dérade, violemment ce soir vous errez sur Grenade, orageuses nuées, sculptures des grands vents, tout chargés de senteurs où reviennent les ans,

» me présentant ce Golfe d'argent simulé par un gouffre au bord clair et de flocons ailé, d'où s'en furent — tels ces flocons fuyant l'orage — les caravelles d'or de mes premiers voyages.

» Que sont à mon esprit leurs disparitions ? Les vents bloquent le ciel de nuées ou l'en vident. Sur l'océan du ciel, adieu mes visions ! Adieu vol déchiré des images perfides !

» Le Rêve est en moi-même. Elle est en moi l'horreur de ces premiers départs… vers quoi ? vers l'Avenir, semé comme les eaux de rocs noirs où périr. Mon cœur qui gronde est un volcan de souvenirs.

» D'une proue haut lancée, vous reverrai-je encore, flots ! infini mouvant de souffrances captives, région des chagrins, obscurités plaintives, aurore ensanglantée aux yeux de météores ?

» et vous tempête jusqu'au ciel fendue en deux, jusqu'aux divins parvis où les anges reculent sous la clameur des airs et sous les tentacules d'un monstre mille fois bossu dressé vers Dieu,

» la Mer avec ses bras, la pieuvre gigantesque, opposant mes vaisseaux à des trombes de feu, mes vaisseaux balancés dans les gouffres célestes ; et soudain le grand calme, une eau morte, un ciel bleu,

» des papillons autour d'une île parfumée, des roses en soupir dans les golfes du soir — puis ce vent qui redonne au vigoureux espoir le fou désir de plaire à l'Isabelle aimée.

» Bondissez, bons vaisseaux ! Traîneurs d'algues vermeilles, ouvrez-moi l'eau, risquant d'y flotter à l'envers, coques de bois pourries et mangées par les vers, dons royaux troués comme une ruche d'abeille !

» Vaisseaux dorés, mais sous votre or spongieux fantômes, râlez, ayant gonflé d'or indien votre quille, pour les doigts croches d'Aragon et de Castille, pour les coffres du plus avare des Royaumes.

» Eh ! non ! criez, des voix aiguës de vos cordages, de vos toiles enflant une plainte sauvage, miséricord' ! aux cieux dont la haine étincelle, — avant d'aller sonder la minute éternelle.

» Cent chaînes défendaient l'entrée de l'Océan, tout en chaînons d'erreurs qu'on ne pouvait briser ! Mes proues et mon grand cœur les ont brisées pourtant. Cœur vieilli, faibles proues, dois-je recommencer ?

» Maintenant je succombe, ah ! je n'ai d'autre force que de rompre une orange et d'en jeter l'écorce. Vespuce est là, guettant, je l'ai vu dans ma Nuit. Vespuce ? je n'en ferai pas plus contre lui :

» qu'il glisse ! et que son front heurte et heurte ma porte, éclate et s'ouvre, au même instant que les Enfers s'ouvriront, rugissant, à cette âme enfin morte du trop cher homme aimable et dont j'ai trop souffert. »

Une lanterne sourde au ras du sol bercée projette un cône immense et blanc comme le pôle. Derrière, et tout l'orage en fuite sur l'épaule, un homme écoute un homme agitant des pensées.

Mais il passe... il est loin déjà... L'ombre se ferme devant lui quand l'orage étouffe sa lanterne. Le Temps fuit dans l'éclair. Americ est passé. Contre un hasard mortel son pied n'a pas glissé.

Ce soir toute une ville infiniment dormante ne reçoit plus les feux de la lune sanglante, nuageuse, effrayée de vivre et qui dérobe à l'éternel veilleur la moitié de son globe.

La luminosité d'un Rêve qui s'évade, et revient et repart, brille sur l'Alhambra. Ce soir il n'est qu'une âme éveillée dans Grenade, près du torrent Darro que perd la Nevada.

Ce soir, Christophorus, le douloureux bien-être de ton âme la fait rêver à la fenêtre, souffrir en ces vents frais et parfumés d'oranges, puis s'envoler au ciel rejoindre les grands anges.

Mais non, *Christophorus demeure*. O blanc fantôme... La lune luit ? Vespuce a tout rêvé ? Mais non !... L'âme d'un mort — Vespuce, honneur de ce Royaume — te jette sa clarté comme un fatal pardon !

Au pays des moulins.

FANTAISIES

BALLADE DE LA PROFITABLE DISTRACTION

« Que je ne vous dérange pas, continuez ! » — Je tournais le dos à ma fenêtre. C'était un soir tout plein d'étoiles avec de petites nuées. Il se reflétait aux miroirs de mes ongles pâles…

Distrait, voulant l'être peut-être, je ne distinguai pas le cambrioleur-maître qui, ayant franchi la fenêtre dans mon profond soir, commençait à vider les tiroirs.

Quand je me retournai, plus personne. J'étais encore — je vous le donne en mille ! — richissime. Et de l'essentiel. — Il ne m'avait pas pris le ciel.

Inédit.

BALLADE A BONAPARTE
ET DE L'EMPLOI DU VERBE ÊTRE

à François Fort.

Bonaparte a prouvé qu'il ne fut qu'un raté.

Non pour avoir été l'amoureux de deux reines.

Non pour n'avoir peut-être jamais existé.

— Pour être né trois jours avant la Sainte-Hélène.

Inédit.

JEAN-BART OU FRANÇOIS FORT

Une cerise au bec, une rose au chapeau marin, d'où sort le flot des boucles en bataille, ce François de quatre ans, perché sur un tonneau, cambre le svelte orgueil de sa petite taille

et jure avec ses yeux… nenni ! mais à tue-tête, qu'il fera tout sauter, outre sa mère et moi, la vigne, le jardin, le puits, la maisonnette, quille, ponts et tourelle et mât de cacatois,

d'un coup de ce glaïeul enfoncé dans la bonde, et le tonneau s'éclatera-z-en mille foudres : jusqu'à l'éternuement du ciel tout sera poudre et le vaisseau terrien disparaîtra du monde,

il n'importe ! — (pourvu qu'on ait l'ivresse — car, ici, l'on joue horrifiquement à Jean-Bart. Le panache est la rose et la torche un glaïeul. — Mais toi, cerise rouge au bec, ô brûle-gueule !…

Fantômes de chaque jour.

BALLADE D' VŒU QUASIMENT INSENSÉ — ET POURTANT !...

Auriez-vous aimé naître à Vladivostok ?

— Je n'aurais pas aimé.

Auriez-vous aimé creuser la terre au soc ?

— Je n'aurais pas aimé.

Auriez-vous aimé choir d'un aéroplane ?

— Je n'aurais pas aimé.

Auriez-vous aimé coucher avec Diane ?

— J'eusse beaucoup aimé.

Pourquoi ? because lune ? ou because arc qui vibre ?...

— Nenni. Diane est (tel moi) d'esprit chasseur mais libre.

Inédit.

BALLADE DE L'ÉVIDENCE

Pourquoi votre âme est-elle entre toutes choisie pour vanter Dieu ?

— Je suis à Dieu lié.

Mais pourquoi n'avoir point rimé vos poésies ? — Je n'avais pas envie de travailler.

Inédit.

BALLADE DE L'INTENTION INTENSIVE

Va, ne pleure plus, ma mignonne.

Le tout est dans l'intention.

Je t'aimais donc à passion ?

Tu l'as cru ? Va, quand l'heure sonne :

Tout ce que Dieu perd, il le donne.

Inédit.

BALLADE DES BAISERS A LA MIGNONNE

Laisse-moi t'embrasser, mignonne, sur le nez, les lèvres, le menton, le cou sous le menton. Tudieu ! voici ton front de baisers couronné ! Leur meute chasse tes pensées dans tes cheveux. Taïaut ! mignonne, et tontaine et tonton ! Eh ! que voici trois cents baisers heureux ! Laisse-moi, la mignonne, me dire en *a parte* que c'est plaisir ainsi soi se gâter.

Inédit.

BALLADE DU MARDI GRAS

Mon cœur se voile de mon âme. Le coquin se déguise en femme. Au jour de ma mort survenu, passera-t-il inaperçu ?... Jour du cercueil voilant mon corps ! Le vrai mardi gras c'est la mort.

Inédit.

BALLADE PUNITIVE

Je crois bien qu'en Enfer un jour je serai frit. « Au nom du Père, du Fils et de mon esprit. »

Inédit.

BALLADE DE MON INTIME LOI

à Jean Cocteau.

Si je suis tout feu tout flamme, c'est que menant une vie sensée, mon cœur va de pair avec mon âme, mes amours avec ma poésie. Je ne joue pas aux énergies dispersées.

Inédit.

BALLADE D'UN BON AVERTI

J'ai su que je l'aimais par beaucoup d'indiscrets :

mon âme et puis mon cœur et puis la foule immense

qui se le chuchotaient. — Aimer ? qui donc ? — La France.

J'ai su que je l'aimais par beaucoup d'indiscrets.

Inédit.

BALLADE, EN SOMME, D'UNE DÉSILLUSION CANINE

à Jean-Louis Vaudoyer.

Me plaisait d'être académicien. Le talent veut être cajolé. — Langue française, un de tes bons chiens serait flatté par d'illustres mains ?... Dans ta niche, ah ! toujours refoulé ! — I love you, England, wou ! wou ! wou ! J'apprends l'anglais, *Good by, Richelion !*

Inédit.

BALLADE DU DÉSESPÉRÉ

— Mon seul ami est mort.

— Votre chat ?

— Non. Dieu.

Inédit.

AMOUR BRÛLANT

Amour m'enflamme le cœur et l'âme, — le corps itou, Margot ma femme !

Sois-moi plus tendre, ou ne suis plus à tes deux pieds qu'un tas de cendre.

Et de ce tas que feras-tu ? — Eh bien, je soufflerai dessus.

L'Alouette.

CATÉCHISME DU VRAI CROYANT, DU VÉRITABLE EXPLORATEUR ET DU POÈTE

A Pierre Béarn.

Croire en un Dieu, même s'il n'y a pas de dieux.

Espérer, lorsqu'il n'y a rien à espérer.

Voir le Pôle où il n'y a rien à voir.

Espérer voir. — Croire.

Empire de France.

VÉRITÉ DES VÉRITÉS

Il faut beaucoup de talent pour faire passer le génie.

Ferveur.

AUTRE VÉRITÉ

Poète, on est toujours au couvent de soi-même.

Ferveur.

L'OCÉAN

Preuve immense que Dieu pleura sur son ouvrage.

Empire de France.

LA NUIT D'ÉTOILES

Dieu s'éclaire. Il ajoute à sa transparence.

Empire de France.

L'ARC-EN-CIEL

Encor Dieu qui m'en fait voir de toutes les couleurs.

Empire de France.

L'INSENSIBILITÉ VAINCUE

Les insensibles parfois se leurent.

Quand la pluie tombe, les statues pleurent.

Inédit.

CANZONE DE L'ORPHÉON DISCRET

Trompettes du silence, ô lis et liserons,

qui donc entend vos airs ? Ce sont les papillons.

Si tout l'amour.

JE VOUDRAIS TANT

Je voudrais tant redevenir un poète plein d'avenir.

Je voudrais tant redéfinir pourquoi l'azur est de saphir,

pourquoi l'amour est de toujours, du premier jour au dernier jour,

pourquoi la mort est si lointaine que Dieu même la voit à peine,

pourquoi la fraîcheur de l'esprit dépasse à la course l'Esprit,

pourquoi je ne suis qu'un poète dont l'âme est l'écho des poètes,

pourquoi je vivrai si longtemps... — Amis, je viens d'avoir cent ans !

Pourquoi ? — Parce que, l'air bien aise, j'en eus quatre-vingt-sept aux fraises,

qu'à cet âge on touche le but. — Mais n'en doutez pas j'aurai bu

de la jouvence à ton baiser, mignonne, au souffle inapaisé.

Pourquoi donc me redéfinir ? Je suis un jeune d'avenir.

Inédit.

VŒUX IMPRUDENTS

Je voudrais à mes vers la beauté de l'émail que l'on voit aux mousmés derrière l'éventail.

Peu de mots y luiraient, par discrète façon de baiser mieux l'Amour, comme on voit au Japon.

Or ils seraient toujours pleins d'aise et de nuance, à l'instar des zéphyrs, et comme on voit en France.

Inédit.

BALLADE VALANT UN CONSEIL

Ne craignez en Amour les changements d'humeur.

Mais craignez-y toujours les changements d'humour.

L'esprit masque le cœur.

Inédit.

BALLADE VALANT UN AUTRE CONSEIL

Le présent n'est rien en France. Tout se juge à l'avenir.
Mais se croire une Puissance est déjà la devenir.

Inédit.

BALLADE D'UNE PRIÈRE A SOI-MÊME

T'envole de mon cœur papillon de mon âme,
pour enchanter les fleurs et te mêler aux flammes.
Ne mourront pas en elles tes ailes éternelles.
Toujours ressuscité, vole à ta volonté.

Inédit.

BALLADE DU POÈTE AU CŒUR BATTANT

Briller au second rang. S'éclipser au premier.
C'est le cœur qui se sent de l'âme prisonnier?
Vaste erreur! N'est vassal ton tic-tac, ô trouvère!
Le cœur est primordial et l'âme, secondaire.

Inédit.

BALLADE DE MA VRAIE VIE

Comme est profond le fond des mers est le Passé.
Vains trésors engloutis, où sommes-nous passés ?

Vaine recherche aussi. J'y passe mes loisirs — ah ! si
ce n'était qu'eux ! — j'y perds âme, yeux, soupirs...

Et comme un chercheur d'or je vis de souvenirs.

Inédit.

BALLADE DE LA TRISTESSE MODERNE

O lotissements, ô naïfs séjours :

raccommodements ou fins des amours,

mutisme entre amants, puis morts de leurs jours.

Inédit.

BALLADE DU GRAND AGE

J'ai 88 ans et je compare

mes deux 8 à deux coquetiers

faisant du catch avant le grand départ.

Qui sera cassé le premier?

★

Mais le plus grand souci, lors, qui me viendra d'eux :

Sera feu mon cerveau le fournisseur des œufs.

Inédit.

ESPÉRANCE ENCORE

L'univers est à son déclin, nous chuchotent de « bons » savants. Il me semble à moi si vivant! A quelque fin s'il est enclin, lorsque je vois ce jour éclore, comme un œillet s'ouvrir l'aurore, que j'entends sauter le ruisseau, moduler les premiers oiseaux, je me dis : « Espérance encore. L'amour aura le dernier mot. »

Inédit.

BALLADE DE LA DAME SANS NOM

Regarde, mon âme, la Dame.

La Dame qui ne sait pas son Nom, la Dame sans Nom, la Dame

Qui s'appelle la Mort.

Mais elle ne le sait pas encor.

Inédit.

BALLADE DE BEAUCOUP PLUS TARD

Je suis au tombeau. Le rossignol chante.

Est-ce que toute mon âme veut l'entendre ?

Est-ce un des chants de l'Éternel qui me hante ? Mon âme se met à comprendre.

Inédit.

ORPHÉE CHARMANT LES ANIMAUX

L'aube vint caresser un nom qui s'argenta.

Et ce fut, à l'entour, comme une mer sans houle, dévoilant les splendeurs d'un trésor immergé, quand l'aube pénétrante hâla de sa pâleur le gazon des clairières dans la forêt dormante…

Sur le mont argenté, cette aube, Orphée chanta.

Et ce fut, à l'entour, sur la feuillée bruissante, le forêt éveillée, comme un concert de voix qui, des sentes, montaient rauques, et montaient claires des cimes et argentines des ruisseaux sous bois.

Vers la lyre d'Orphée la voix du lion monta.

Ce fut lui, lentement, qui vint avec l'aurore et parut! Ce fut lui, grondant… Et le chanteur était debout, devant l'aurore et devant lui, et la lyre brillante aux doigts, bel et sans peur.

Et, rampant sur les pierres, le lion écoutait…

Les deux voix confondues de la lyre et de l'homme rythmaient l'heure montante en le ciel éclatant. — Le lion vint lécher les sandales de l'homme dont le chant qui montait semblait la voix du Temps.

Ils vinrent tous, et tous furent charmés.

Le tigre s'étirait, long comme une herbe longue, et savourait les sons comme une herbe le vent. L'orang-outang, pensif, le front sur sa massue, laissait couler des morves et des baves d'argent.

Ils vinrent en grand nombre, et tous furent charmés.

L'ours dansait, comme un roc s'éboule, rythmant la pente à petits bonds. Sur un rocher rose d'aurore, — comme une lyre au poing d'un homme, comme une lyre aux cordes noires, un jeune zèbre se cabrait.

Ils vinrent en multitude, et tous furent charmés.

L'éléphant, tout oreilles, laissait de fraîches brises gonfler leurs larges voiles, il allait rêveusement, et si doux qu'un vaisseau sur un fleuve dormant... Le paon rouait, ou s'affinait, selon les sons.

Il en vint de superbes, il en vint de timides.

La gazelle évanouie semblait ne plus entendre : elle pleurait pourtant des larmes bien heureuses, en imageant son rêve au gré de la musique, la belle et douce et tendre gazelle amoureuse.

Il en vint des forêts, des proches, des lointaines. Il en vint des déserts comme il en vint des plaines.

L'aurochs et le bélier, le buffle et la licorne usaient, comme enivrés, leurs cornes à leurs cornes. Un ouistiti doré, qui suçait une orange, imprimait à ses hanches un doux balancement.

Il en vint de l'Orient, il en vint de l'Occident. Il en vint de partout ! — même il en vint du ciel...

Guirlandes de colombes, pâmées au cou des aigles, sur horizon d'abeilles incrusté de frelons ; tout l'alphabet des hirondelles, et « le rêve aux grands yeux » du hibou poursuivant un colibri artificiel.

Et l'humus et le sable avaient leurs ambassades !

Le crabe et l'araignée, d'un petit air sagace, à petits yeux vivaces, comparaient leurs vertus. Deux boas accouplés se faisaient dans l'espace, d'un rayon du soleil, un géant caducée.

Il en vint de trapus, il en vint d'élancés.

Oh ! la girafe, quel air de grâce, et quel grand air ! Elle écoutait des yeux, tout là-haut sous ses cils, et le pingouin jurait, une patte levée, qu'il n'avait, de sa vie, vu de si haute grâce.

Une pluie rose de catherinettes moirait le vent.

La limace était belle en sa rouge fraîcheur et le lézard frileux scintillait en tremblant, la grenouille auprès d'eux réfléchissait le jour, et de ces trois lumières un roc se diamantais.

Il en vint dans l'air bleu, il en sortit des pierres.

Des mouches occupaient une colonne d'air, une guêpe y faisait retentir sa trompette, et c'était, tout autour, un brouhaha léger, comme d'un minuscule jugement dernier.

Il en vint de partout, — il en vint de la mer…

La baleine est venue, la baleine elle-même ! elle vint par la mer méditerranéenne (un fleuve la charrie : c'est un banc de harengs que traîne vers Orphée l'armée des caïmans) — entendez son cœur battre à l'unisson des sons.

Il en ressuscita du fond de la Légende !

De l'œuf d'or du soleil, les ailes noires du Roc se tendirent lentement sur les profondeurs bleues ; on vit, dans une poussière d'onde verte et de feu, se hausser du Tartare l'ombre de Léviathan.

Il en vint des enfers, il en vint des étoiles, il en vint de partout, d'inconnus, même aux dieux.

Mais Orphée s'étant tu soudain, le lion gronda... On avait aperçu, dans l'ombre bleue d'un val, un pâtre, son troupeau, son cheval et son chien qui, malgré le Chant pur qui parlait à l'instinct, semblaient n'en avoir pas ouï les sons divins.

Orphée jeta sa lyre ! — et la lyre pleurait...

Mais, à cet instant même, on vit la flore entière, plus lente à s'émouvoir aux accents du chanteur, s'ébranler de la plaine et gravir les sommets, et couvrir — sous le ciel — leurs neiges éternelles.

Et les arbres glacés se pavoisaient de fleurs.

Orphée chanta sans lyre les beautés de la flore. Et les fleurs enchantées, captives de son chant, se détachaient des branches en papillons vibrants, pour se cristalliser, étoiles, sur son front.

Orphée reprit sa lyre ! et les rochers pleurèrent, aux accents de sa voix, des fontaines de joie.

Divin prodige enfin, lorsqu'on vit l'horizon qui flottait en cadence, déplaçant une brume, et découvrant ses monts, tantôt selon les sons, et selon les silences tantôt les recouvrant.

Orphée chanta le jour, il chanta le soleil ! Et le ciel écoutait arrêtant ses nuages. Et la foudre charmée pendit sous un orage.

Mais la nuit, sur Orphée, s'étant violemment faite, arbres, bêtes et nues, sur les rocs et dans l'air, oscillant et roulant, éprouvaient dans leur fuite que la Terre enivrée tournait, tournait plus vite !

Ballades françaises.

LA GRANDE IVRESSE

Par les nuits d'été bleues où chantent les cigales, Dieu verse sur la France une coupe d'étoiles. Le vent porte à ma lèvre un goût du ciel d'été ! Je veux boire à l'espace fraîchement argenté.

L'air du soir est pour moi le bord de la coupe froide où, les yeux mi-fermés et la bouche goulue, je bois, comme le jus pressé d'une grenade, la fraîcheur étoilée qui se répand des nues.

Couché sur un gazon dont l'herbe est encor chaude de s'être prélassée sous l'haleine du jour, oh ! que je viderais, ce soir, avec amour, la coupe immense et bleue où le firmament rôde !

Suis-je Bacchus ou Pan ? je m'enivre d'espace, et j'apaise ma fièvre à la fraîcheur des nuits. La bouche ouverte au ciel où grelottent les astres, que le ciel coule en moi ! que je me fonde en lui !

Enivrés par l'espace et les cieux étoilés, Byron et Lamartine, Hugo, Shelley sont morts. L'espace est toujours là : il coule illimité ; à peine ivre il m'emporte et j'avais soif encore !

Paris sentimental.

POUR CHANGER ENFIN

Mettez le coq dans l'abreuvoir et le cheval sur le noyer,

les pendus à sécher en Loire, la ficelle au cou des noyés,

mettez les impôts dans l'armoire et les écus dans le fumier,

un gai refrain sur la mâchoire, faisant flûte vos doigts de pied,

mettez, pour mieux y circuloir, des baleines dans les étiers,

des rêves en tête à Magloire qu'est censément not' charcutier,

mettez au cœur du diable un soir l'amour et ses douces pitiés,

mettez en cul ce qu'il faut boire, dans la goule ce qu'il faut…

mettez de l'eau dans l'encensoir et du feu dans le bénétier.

Mon grand pays.

COMMENT VA LE TEMPS ?

Mer belle aux Iles sanguinaires, mais au Luxembourg vent rageur,

grand'houle autour du Finistère, mais grand calme pur en mon cœur,

temps nuageux à l'est en France, semblablement à l'ouest, au nord,

mais bourrasque en mon espérance que la richesse aimât Paul Fort.

L'Arlequin de plomb.

EN REVENANT DE SAINT-MARTIN

En revenant de Saint-Martin, j'ai rencontré un p'tit lapin

dessus la neige et tout tremblant dans son joli sac de poils blancs.

Il avait l'air, sous les ételles, d'un pèlerin de Compostelle

et qui tremblait, tremblait, tremblait, comme à ton bras la boîte au lait.

J'lai mis tout froid dans mon paletot. Il m'a dit qu'il avait trop chaud.

J'lai mis tout chaud dans mon gilet. Il m'a dit : De l'air, s'il te plaît !

Alors j'l'ai mis dans ma culotte. Il a mangé ma p'tite carotte.

Fantômes de chaque jour.

TEMPS BOUCHÉ

A mes petits-enfants.

Le ciel se déculotte : on voit la lune.

Ferveur française.

LA DÉVOTION IMPROVISÉE

J'en jure mes grands dieux, toi qui ne priais guère, te voilà, mon amour, encline à la prière.

Serais-je un dieu pour toi, si minime fût-il ? Écoutes-en le rêve hésitant et subtil.

Hier je t'ai surprise accoudée à ma table, épuisant ton regard aux clartés ineffables

sur — oserai-je enfin le dire ? — mon portrait. Silence de chapelle où nos anges erraient !

Ta main à contre-jour me laissait voir dans l'ombre les petits vitraux en ogive de tes ongles.

Mais pourquoi ce portrait sur ma table, aussi bien ? Qui donc l'avait mis là, tout près contre le tien ?

Obéron ou l'Amour ou nos anges gardiens ? Ah ! si c'était la bonne, il vaudrait mieux le taire.

Toute religion est faite de mystère.

L'Arlequin de plomb.

LE PETIT RENTIER

Il s'en est allé par la route, le pauvre homme, il s'en est allé sans un doute, bravement, à petits pas comptés par son bâton tremblant, il s'en est allé sans se retourner.

C'est qu'il ne va pas fort loin, le cher homme. Ah, il n'en a pas pour dix-huit cents ans. Il n'a jamais fait de mal à personne, lui. Il a toujours été si prudent.

Deux doigts de route, et puis c'est un sentier, un tout petit sentier qui reconduira l'homme, le tout petit cher homme au point qu'il a quitté. Et pourquoi le malheur viendrait-il arrêter ce bon petit rentier dans son petit sentier ?

Il y trotte, y toussote, y crachote, y grignote, y jabote à lui-même et clignote content, y mijote au soleil son vieux cœur radotant, y vivote et s'y trouve heureux en vivotant.

Oui, qu'est-ce que le Malheur pourrait vouloir à c't homme, quand son plus gros ennui serait de trop trotter ? Certainement... la mort, ça peut arriver. Ah, la mort, la grande route, on y marche longtemps. Mais bah, n'y a-t-il pas ce bon monsieur l'abbé pour vous greffer dessus un bon petit sentier, — ce bon monsieur l'abbé qui vient au bon moment ?

Ballades françaises.

LE PETIT JÉSUS DE VITRAIL
(Écrit dans l'église de Lanloup)

« Petit Jésus, le cul tout nu, que fais-tu dans ta crèche ?

— Tout en rêvant, je me dépêche d'aller aux nues

sur une croix, de haut en bas, que me tend mon papa. »

On loge à pied.

LA NOCE A GONESSE

On sonne sur Gonesse la fête patronale. Tout justement le fils du Maire se marie, avec une fillette ni trop bien, ni trop mal. Je ne la connais pas, je la suppose ainsi.

O noces où seraient invités les rois mages, Cadet Roussel, ses trois demoiselles, Madame Angot, sa fille volage, M. Thiers et le père Bugeaud !

Gens de la noce, gens de Gonesse, gens légendaires, vite à la messe.

On vient vous écouter, carillon des quatre cloches ! Voici le grand Chicart, Mogador et Clodoche, voici l'abbé Bridaine et Fanfan-la-Tulipe, les pompiers de Nanterre et Bacchus éventant d'une grappe Roger Bontemps.

Dagobert, saint Éloi suivent sans grand arroi, l'un traîne son âne et l'autre son bleu manteau de roi, précédant Monsieur de Voltaire et Paul de Kock, Monsieur, Madame Denis aux bras de Pourceaugnac, Pandore et Choufleuri, Pierre Dupont, Offenbach, le grand Pan et le Diable, et trente pages qui portent des hanaps bouillonnant de gai vin d'Argenteuil.

Gens pleins d'orgueil, gens de la noce (qui m'inviterait ?) vite en carrosse.

On sonne sur Gonesse la fête patronale et justement le fils du Maire se marie avec une demoiselle très bien, de la campagne... On me l'a dit. J'y crois. — Mais pourquoi tout ceci ?

Ile-de-France.

MONSIEUR LE CURÉ DE LANGRUNE-SUR-MER

Quand les terres labourées sont violettes de chaleur, aux beaux soirs de la mi-automne, monsieur le curé de Langrune-sur-Mer, bedon pensif et rouge trogne, son bréviaire en main où le soleil décline, empourprant les pages sous son pouce, monsieur le curé, monsieur le recteur promène ses yeux d'absinthe douce sur la terre violette et qui fleure... Il est l'hôte attendri du chemin vicinal, — petit bedon qui dodeline, — et jusqu'à l'heure grave où la nuit tombe égale, c'est un biblique voyageur qui traîne à pas religieux et dignes, sous la file d'arbres dépouillés, ses souliers noirs et sa marche enfeuillée.

Monsieur le curé de Langrune-sur-Mer, je l'ai vu de mes yeux, il m'a conquis, Seigneur ! Je veux être pour lui un nouveau Lamartine. Sa trogne est rouge comme mon cœur. Mais dans ses yeux d'absinthe douce, aux lueurs dernières, lorsqu'il promène sa bedaine, dans ses yeux pâles, mouillés et clairs, j'ai lu le regret de la mer. Ce rond petit curé (voyez, je suis malin, — j'ai déviné ? me l'a-t-on dit ?) à seize ans, gars musclé, voulait être marin : ce rond petit curé.

Je vous convierais tous à voir au crépuscule ses yeux couleur de jour lorsqu'il entend la mer ! à voir au crépuscule se tendre son regard, lorsqu'il l'entend gravir au loin les terres noires ! sur ses joues, son rabat, des larmes s'éclairer, lorsqu'il la voit blanchir sur les terres labourées ! et, jetant son chapeau et son bréviaire dans l'herbe, à voir dans les sillons, courir, les bras levés, ses blancs cheveux au vent, ses yeux remplis de jour, vers le flot qui l'appelle et qu'il aime toujours, ce rond petit curé dans sa folie superbe !

et vous sauriez alors ce que c'est que l'amour.

L'Amour marin.

CRIME NOCTURNE AU CHATEAU

Le château noir est-il hanté ? le noir château de La Ferté ?... Est-ce le feu ? Est-ce la lune ? Rapidement, l'une après l'une, quatre-vingts fenêtres s'allument. Le manoir est-il habité ? Sont-ce des torches agitées que nous promènent des fantômes, ce soir où le plateau s'embaume d'herbes au vent échevelées ?

— Je suis seul, fantômes, parlez !

Au hululis de la hulotte s'est embrasée la haute ogive ; au cri du crapaud, sur sa note, la chapelle apparaît, — qui vive !... au croassement des corbeaux se sont dressés trois grands tombeaux dans la chapelle et sous l'ogive, et qui dansent une danse ivre. Le château noir est-il hanté ? Le noir château de La Ferté ?

— Je suis seul, fantômes, parlez !

Au sifflement d'un train lointain qui vient de Villers-Cotterêts, crevant une pierre tombale, Alexandre Dumas paraît ; au triste appel d'un autre train et qui vient d'où ça m'est égal, sort d'une autre pierre tombale l'aspect même de Paul Féval ; au hurlement d'une sirène qui trouble l'air en souveraine — d'une sirène de navire — se fait voir, faut-il vous le dire ? dans son écossaise culotte, la grande ombre de Walter Scott : elle sort sans en avoir l'air de la troisième et haute pierre.

— Je suis seul, fantômes, parlez !

Minuit résonne à Notre-Dame. Trois poignards brillent sur trois Ames. Un cri surhumain part des ruines. — Je suis seul, fantômes, parlez ! — « C'est Racine qu'on assassine ! » répond de Scott la voix voilée par de vieilles lampées de *gin,* répond le faux bourdon éteint de Dumas ravalant un vin, répond la basse sépulcrale de l'hydrophobe Paul Féval et je m'enfuis épouvanté, laissant s'abattre les flambeaux, laissant s'écrouler les tombeaux, laissant paisiblement s'asseoir la Lune au faîte du manoir. Mais qu'il était hanté ce soir, qu'il était donc mal habillé — (quelque autre nuit allez-y voir) — le noir château de La Ferté !

Vivre en Dieu.

LA LÉGENDE DE SAINT GRELOTTIN

Il est des saints de tous plumages. Certains furent de hauts barons. Grelottin était bûcheron, mais un bûcheron toujours prêt. Jamais ébrancheur de forêt ne donna tel cœur à l'ouvrage et, seul, il valait cent orages. Entre ciel et terre au passage, abattant tout, branches, feuillages, et nids (ça, sans qu'il fût exprès) et même en son ardeur, parfois, faisant voler l'un de ses doigts, à tous les chasseurs il montrait dessous sa bure et sans vergogne, ses longues jambes de cigogne.

Écoutez sa majeure histoire. Ce sera court. Donc, pas à boire ! — Un jour d'hiver, et de beau froid à vous geler les plats du roy (or il venait de Rambouillet un vent portant certain fumet qui, musiqué de cors lointains, sentait de trois lieues son festin) — un jour que chantait pouille au froid tout le pays, saint Grelottin, vivante braise incomparable, à qui ne déplaisait bon bois, se trouvait l'hôte d'un érable dont largement, autour du fût, il ébranchait le superflu.

Le vent faisait voler sa bure : on l'eût dit oiseau de nature. Mais supputant ses hauts destins ou, rêveur, humant le festin, voilà qu'il laisse errer sa serpe. Elle va, tombe, elle est dans l'herbe. A peu s'en fallût qu'il dit : … Non, le bon saint était trop fier, puis il visait le paradis, voire enfin ça ne rimait guère : le bon saint ne l'ayant pas dit, se contenta de jurer Dieu (hé la ! de jurer Dieu, grand Dieu !) se contenta, voix expirante, d'exhaler « Dieu » la bouche bée, — car ce n'était serpe volante, miraculeuse ni fée, que l'on pût de l'œil appâter jusqu'à la faire remonter, mais honnête serpe et dolente, qui tombée restait bien tombée.

Il songeait donc à redescendre, n'ayant de serpe de rechange, ne voyant nulle oiselle en vendre, pas même la voleuse pie, quand tout soudain le voilà pris — qui le mit en vertige étrange — de la folle envie d'un pipi. « Va donc pour le pipi, tant pis ! se dit-il, la serpe attendra. » — Écartant l'une de ses jambes, traditionnellement ce semble, il en fit un si dru, si droit, rigide à fouir un trou de rat, si continu, si plein de gloire, enfin l'un des bons de sa vie (preuve qu'il en avait envie) et si bon qu'il le voulut voir.

Miracle ! miracle ! miracle ! ou tout au moins curieux spectacle. Grelottin était comme assis petitement sur son pipi : non pas qu'il se pût voir ainsi, mais il voyait à quatre pouces, et jusques au pied de l'érable, son beau jet glacé dans sa course, victime de ce froid du diable. Vous attendez la fin, je pense ? Eh bien, la voici, gens avides. Ce jet brillant comme une lance, ce fin jet droit, ce jet rigide — spectacle tenant du superbe — ce jet n'avait pas chu dans l'herbe. Il était tombé sur la serpe. Grelottin cette fois dit : ... Non ! il remercia le bon Dieu, et bien rigolant sous les cieux, il prit d'une main le glaçon qui tenait à la serpe — et zon ! — il vous remonta celle-ci tout saintement jusques à lui.

Grelottin moine et bûcheron, des bûcherons est le patron, et d'eux toujours il est fêté pour ses ruse et malignité.

Si Peau d'Ane.

LA MARCHE EN ZIGZAG
OU L'HUMOUR NANTAIS

Dieu, je dis Dieu, qu'est pas un autre, ce brigand-là, ce bon apôtre, enfin c'brave homme, qu'est-ce que je dis ? paraît qu'i s' saoule au Paradis — en toute innocence, pardi — avec du rien, du rididi, un sacré méchant « côt » d'nuages et tout plein d'eau comm' si qu'on nage.

J' connais un coin qui n'est pas loin, ousque l'on boit du fort bon vin, mais l' marchand d' vin qui n' fait pas l' coin dit qu' c'est pas bon chez son voisin, mais moi qui sais c' que c'est l' bon vin, quand je veux boire un verre de vin, je vais chez l' marchand d' vin du coin.

César, connaissez-vous César ? Y en a pas deux, y en a pas seize, gaule en main faisait l' grand écart de Rome à Pantin sur deux chaises, histoire de compisser dar' dar' not' Gaule à nous qu'était française, eh bien !... ça buvait du falerne. Les militaires, tous des badernes.

J' connais un coin qui n'est pas loin, ousque l'on boit du fort bon vin, mais l' marchand d' vin qui n' fait pas l' coin dit qu' c'est pas bon chez son voisin, mais moi qui sais c' que c'est l' bon vin, quand je veux boire un verre de vin, je vais chez l' marchand d' vin du coin.

On n' sait ni qui vit ni qui lampe ? J' pourrais vous foutre des exemples encore plus ch' nu. L' môme Charlemagne i n' suçotait qu' du vin d'Espagne, c'est pas bon, pouah ! et Robespierre, dans un dé à coudr', du « Tonnerre » mêlé au sang d'un d' ses confrères.

J' connais un coin qui n'est pas loin, ousque l'on boit du fort bon vin, mais l' marchand d' vin qui n' fait pas l' coin dit qu' c'est pas bon chez son voisin, mais moi qui sais c' que c'est l' bon vin, quand je veux boire un verre de vin, je vais chez l' marchand d' vin du coin.

J'aim' mieux vous parler, entre nous, d' mon ami Gaudebert qu'est pas fou, qu'aime tout c' qu'est bon, et qui boit tout, moi-z-avec lui, tout, tout, tout, tout... c' qu'est bon (mais pas du picolo surtout, ça n'est pas not' loto) Bordeaux, Bourgogne, Anjou, Champagne... flûte... pour César et Charlemagne.

J' connais un coin qui n'est pas loin — et flûte aussi pour Robespierre — qu'est-c' que j' disais?... j' connais un coin... viv' le bon Dieu qui n'est pas loin!... derrière le réverbère, Gaubedert.

Vive Patrie.

PETITES ÉPOPÉES

LA FORÊT DE BROCÉLIANDE

(Fragments.)

Ce ne fut qu'un long jour d'extase et de gaieté, ne plus ne moins, le temps que dura votre amour, Viviane ! Merlin ! Ah ! ce ne fut qu'un jour... Il tint pendant mille ans la forêt enchantée.

Ce fut le temps d'aimer pour la vase et la pierre les diamants cachés sous les plis de la terre, et pour l'eau de montrer une amour éblouie au feu, l'eau du marais au feu volant sur lui.

Ce fut le temps d'aimer et de s'aimer soi-même pour être plus joli devant la bien-aimée (d'où se mignota l'homme) ; une beauté suprême convenait à la femme en soupir d'être aimée.

Temps anciens ! temps heureux ! ce fut le temps de gloire où les Bêtes parlaient, doux avocats des Roses, en querelle d'amour entre elles et sans cause : Viviane et Merlin jugeaient, seul auditoire ;

le temps où les lapins — se posant sur les feuilles — assouplissaient d'un lys le poil de leurs babines, le temps où du sol vert aux cimes argentines, comme le papillon, voltigeait l'écureuil ;

les licornes aussi volaient sans d'autres ailes que joie et que désir de plaire, étant si belles, aux yeux de la rosée et des paons sur les branches, comme aux yeux étonnés de l'Aube, étant si blanches ;

celles-ci dans la brume où naît Phébus vermeil, glissant

leur corne d'or aux halos du soleil, les penchaient sur le monde afin d'en couronner les enchanteurs, les fées et les dieux nouveau-nés.

Temps anciens ! temps heureux ! les mousses de velours boivent jusqu'en leur cœur les midis irisés, et le loup, s'y couchant, fait patte de velour dans le sol forestier tout emparadisé.

....

Dans l'herbe une potée de faons mêlés de biches, tout à leur jeune amour plein de petites niches, grouille, se sarabandant jusques au bout du monde, les crapauds noirs aux jambes dorées font la ronde.

L'amour les rend plus vifs que les feux follets mêmes. « Viviane, dansons comme l'ours, je vous aime ! Soyons heureux, tout danse. Ah ! Merlin, quelle abeille vous pique ? Sur les bois pèsent de doux sommeils. »

Géantes et Géants par les halliers touffus ressemblent une aurore amoureusement nue : se couchent-ils ? soudain au rut qui les honore, l'envers des feuilles prend la couleur du phosphore,

et sur un fond mouvant de pampres en guirlandes, où s'adorent bercés nains et fées des légendes, les Dragons enlaçant les troncs d'un millier d'ifs se baisent de leurs dards langoureux et plaintifs.

Haussant à cette vue leur souple caducée, deux boas accouplés fendent l'air d'émeraude. Les blancs sourceaux des monts s'emportent déglacés et par le Monde les serpents des fleuves rôdent.

O Forêt solennelle, es-tu le Monde entier ? vous, chênes et sapins, lambrusques et fougères, voiles d'épines où s'embrouillent les Chimères, les Phénix, les Héros debout sur l'étrier cueillant la Rose, et tous vivant la vie immense, aromatique, éparse et mêlée aux nuances de cette flore inextricable et qui fait naître Pégase d'un soleil et saint Georges d'un hêtre ?

Les Enchanteurs.

LA PITEUSE BATAILLE DE MONT-L'HÉRY

Après maints tournoiements ils s'étaient rencontrés.

Pipes de vin défoncées, archers se mirent à boire avant de batailler, et ce, des deux côtés. (A seule fin, disaient-ils, de sûrement batailler.)

A l'aile gauche de Bourgogne tenait messire Saint-Pol, à l'aile droite tenait le comte de Charolais. A l'aile droite de France tenait le roi Louis XI, à l'aile gauche, messire du Maine. C'est parfait.

Entre les deux armées le château Mont-l'Héry, perché sur la hauteur, souriait à demi.

Mon Dieu, n'emboucherai-je ici aucun buccin. Archers désaltérés, on se battit ; c'est bien.

Charles de Charolais, fonçant avec sa droite sur la gauche de France, rompit messire du Maine qui, pressé de courir, court encore dans la plaine.

Louis XI, fonçant avec sa droite sur Saint-Pol, qui, comme j'ai dit, tenait la gauche de Bourgogne, le vit, avec ses gens, plus vite que perdrix, s'enfuir je ne sais où pour n'être pas occis.

Louis XI et Charolais, chacunement dans leur coin, ai-je besoin de le dire, s'étaient frotté les mains.

Revinrent, chacun leur tour, au centre de bataille.

Et que virent-ils ? — Hélas, ils ne virent plus rien. Leur gens très chaleureux, jurant à la défaite, qui devers l'orient, qui devers l'occident, se sauvaient gentiment sans tambour ni trompette. Et sur le champ d'honneur les deux princes restèrent.

Seuls ? Non pas. Le château Mont-l'Héry (châteaux n'ont pas de jambes, ou bien les ont en l'air), ce vieux preux, non content de sourire à demi, jusque dans ses fondements eut un fort grognement.

— Seuls pourtant...

A tel point qu'hommes vivants les ayant tous quittés, Louis XI et son féal, Charles de Charolais, eussent pu (s'aimant bien), par ce doux jour d'été, s'écrier en faisant mignons signes de la main : « Tiens ! la jolie rencontre. Hé ! bonjour, mon cousin ! »

Mais las ! tournèrent bride, en tout semblablement, se prenant, chacun l'autre, pour écorcheur méchant.

Or je n'invente rien.

Pourtant, à la même heure, ou peu s'en faut (dites-moi, qu'est une heure devant Dieu ? un jour ? un mois ? un an ? — un an, voire, ce n'est pour lui le temps de manger une poire) à cette heure donc, Warwick, qui s'était avisé de retrôner Lancastre pour s'immortaliser, de la main froide d'Édouard malement succombait dans un choc homérique entre dix mille Anglais ; en Espagne Jean II mettait à la raison son gentil fils Carlos et, d'un coup bien donné, allégeait de la vie deux mille Aragonais ; Mahomet II, empereur de tous les Ottomans, mettait fin brusquement au plus vieux du vieux monde, en rasant, d'un grand coup de cimeterre, Trébizonde : et de Grecs et de Turcs je sais qu'il en mourut plus que n'eut d'or en cave, non Louis XI, mais Crésus ; Venise dépitée, plus saigneuse qu'un cœur, abreuvait l'échafaud de ses inquisiteurs ; bref, en Espagne, Asie, Vénétie, Angleterre, onc ne vit-on couler plus de sang sur la terre, à Mont-l'Héry, que dis-je ? en France, terre des preux, onc plus notables gens armés piquer des deux.

Mais non dans le bon sens.

— « Pâques-Dieu ! je profiterai de l'avertissement, se dit Louis XI en regagnant ses retranchements. Il est indigne à moi de vider, pique à pique, des querelles qui n'ont leur valeur qu'en politique. » — Et tout bas, à lui-même : « Mon temps est donc venu, si contre fin matois butor ne prévaut plus ? » — Et ses gens le trouvèrent qui remerciait Dieu, son chapelet aux doigts, très doux et très heureux.

Le Roman de Louis XI.

D'UN BEAU VOYAGE

L'ILOT DE PAQUETA

A GERMAINE.

A nos chers amis et compagnons d'aventure : NICO HORIGOUTCHI, poète japonais et français, SOUZOUKI, peintre japonais.

Et à nos petits enfants, Hélène et « François premier ».

Si je ne savais pas où mieux finir nos jours dans le plus joli coin de ma France éternelle, ce serait Paqueta mon choix, divin amour ! Finir nos jours au plus joli coin de Cybèle ?

Ce serait donc ce Paqueta, cet îlot doux, s'il n'y avait en France île si douce à nous… Peignons-le de pinceau léger, fin Souzouki, chantes-y nos amours, aimable Horigoutchi !

Paqueta, perle, perle, et nous feux de la perle ! Comme on vivrait, secrets, s'adorant légers, vifs, ainsi que deux Indiens parfois à coups de griffes, sous l'orage amoureux des branches qui déferlent

au mois d'août, (le mois d'août, c'est votre hiver, îlot !) — mais dès janvier, sous la torpeur de folles plantes, nous irions en pirogue, au fil frais d'un rio, rapprocher dans l'obscur nos lèvres amarante.

Sous le vol du bombyx, fredonnant sa langueur, nous dormirions à l'ombre élancée d'une houppe de bananiers, le col tout fumant de sueurs pour avoir trop dansé vers les dieux, souple couple,

sur la plage embrasée ou les rocs noirs et roses chevelus de sourceaux réfléchissant l'azur. — « Dieux bleus de Paqueta, souffrez que se reposent nos corps étroits, ces fines gaines d'âme pure ! »

Vivre une vie indienne au blanc rire des nègres, tels Paul et Virginie en leurs plus jeunes ans, l'arc et la flèche aux poings, dont nous irions fléchant l'oiseau-mouche, brin d'arc-en-ciel et gibier maigre !

Vivre nus, quel que soit l'horizon de villas tout en pourpre sévère ou d'un ocre timide, vivre nus, quels que soient les gens vivant par là, moins amoureux d'air clair, de hâle moins avides !

« Mais s'il est un gendarme en cette île enchantée, rien qu'un seul, fût-il nègre ou fût-il quarteron, d'une triple verdure et d'un flot d'azalées, revêtons-nous, ma mie, et de rhododendrons.

S'ils ne peuvent suffire à calmer sa pudeur, aimons-nous — blanche et noir, selon notre habitude — moi tristement serré de ma veste aux plis rudes, vous l'élégance même et lys entre ces fleurs où mon chapeau Rembrandt orne la solitude. »

★

Que dis-je ? orne la solitude ? O mes amis, ne fûmes-nous point quatre au Paradis admis ? Ilot chéri des cieux, de quel ton décidé, quatre, et mes deux enfants, nous t'avons abordé !

Oui, quatre et deux font six. Mais nous compterons sept en ajoutant la *nurse,* hors que François n'y tette — elle a bien des vertus, se croyant à la noce, pour jouer aux Tupinambas avec nos gosses.

L'île est en populace à mi-mesure indienne, à mi-mesure nègre et d'un sombre, il faut voir ! Ce n'est le temps où la *fashion* brésilienne en fait un jeu d'échecs et joue blancs contre noirs.

Nous sommes en hiver, mais quel printemps est-il ce frimas frémissant de soleil en cette île, bariolée d'oiseaux vifs comme la pensée, d'où l'horizon marin semble un champs de pensées !

Déjà point la cannelle et fleure le gingembre. Tel doux mois embaumé correspondre à décembre ! Non pas, Horigoutchi ! Ce disant, vous rêviez. Il chante, l'Oiseau Bleu, sur les palétuviers...

« Écoute, ô mon divin aède japonais, compagnon de féerie à nos destins lié. Cet oiseau me le dit : le gai printemps renaît. Salut, Nico ! cérémonieusement plié

en deux ; fasse de même, élégant Souzouki, ton corps si fin que libellule, ô gentil peintre émule d'Hokousaï. » — Moi, jouant le marquis, n'étant pas de roseaux comme eux, je fais le cintre.

« Saluez ce printemps, Germaine ! Révérence devant l'azur, oui, révérence au goût de France. Hélène, imitez bien la *nurse* — elle s'épate... Et vous, François premier, salut des quatre pattes !

Mais tous, faisons profit de l'inclination pieuse — nous, dévots groupés sur le rivage — et pratiquons au chant du naïf alcyon la cueillette infinie des jaunes coquillages. »

On entend se courber le prisme sur les eaux, que soulève en rosée une brise Ariel ; maints poissons irisés voltigent, fleurs des flots ; on entend les dieux bleus glisser sous l'arc-en-ciel.

Est-ce en nos cœurs, nos sens ou même en nos esprits, que se fait la prière à la fleur tropicale d'un soleil nous jetant les mille colibris de ses rayons légers, par ondes baptismales ?

Françaises, écoutez ! Japonais, écoutez ! Sur le sable assoupi gazouillent des clartés. Mais la tête vous tourne à leur danse argentine ? Eh bien, dormez — pourvu que vivent les narines aux senteurs des grands bois et des herbes marines !

★

Hélas ! et qu'un tel jour nous ait fui sans rien dire — ni par moi, ni par vous

— Germaine au cœur ému... Plus un mot, Souzouki, dans le rouge zéphyr, de ton discret langage et de nous inconnu.

Pas même une mouette éveillant un écho. Dans les roseaux nuls cris susurrés des génies. Aux traînes soie et or du soir pensait Nico — taciturne. « O cortège d'aïeux infini !... »

Et se taisait le monde *ému* de nos sept cœurs où se taisait la nuit jusque dans ses étoiles, où des flots volutés les vagues sans rumeur réfléchissaient la soie de l'univers sans voiles.

Même en quittant le bord il n'aura pas grincé, le noir vaisseau méchant qui vint « nous emporter » — qui nous porte et nos rêves ! il n'a fait que glisser entre le mysticisme et la réalité, jusque devant Rio dont s'éploie la merveille comme une voie lactée au miroir des eaux lisses. Les dieux bleus en velours volaient sur nous, complices de notre grand silence, aérant de leurs ailes

nos enfants endormis que berçait la nourrice.

Août 1921.

Fantômes de chaque jour.

LE DÉPART DE MERLIN

Viviane, écoutez une voix sur la plaine. Merlin chante si loin que Dieu l'entend à peine.

« Tu resteras l'amie des bois inconsolés. Je ne reviendrai pas : je t'aimerai toujours. Viviane perdue ! Ombre de mon amour, sens-tu derrière moi se refermer les blés ?... »

Viviane penchée sur l'eau d'une fontaine ouvre ses cheveux d'or à l'orée des grands chênes.

« Écoutez le zéphyr dont frémit ce couchant lamenter notre amour aux tristes fleurs des champs : « Ils ne se verront plus... » Viviane, en ses rêves, dans le jour assombri, voit les jours qui s'achèvent.

Un lent rayon du soir à demi consumé vient aux cimes des bois s'empourprer et pâmer.

« Je t'aimerai toujours, bien-aimée, bien-aimée !... » Elle n'écoute point ces adieux ni le chant plaintif de la corneille à ces adieux méchants, ni l'écho des beaux jours qu'amortit la ramée. »

Courez le long d'un bras, ô pleurs, jusqu'à la main. Les serments éternels sont les plus inhumains.

Elle entendra — mais vous, si loin, l'entendrez-vous ? — monter le hurlement fraternel de ses loups... Elle sent bien déjà qu'il n'est plus, son Merlin, que le féal des rois en leurs royaux jardins, amoureux des pensées, glaïeuls, roses trémières, non plus de la jonquille et de la primevère,

fleurs sauvages quittées pour le grand Lys éclos, la fleur prédestinée, Artus qui vient de naître au gynécée fleuri de Pendragon son maître. Et Viviane aux loups répond par des sanglots,

car le jour est tombé sous bois ; et dans la plaine Merlin chante si bas que Dieu l'entend à peine.

La triste Viviane — elle seule — entendrait... Mais elle est toute à se glisser sous la Forêt, et s'y glissant accompagnée des loups ses frères, elle cherche à travers le voile des lisières

un brumeux ciel de rêve et de jardins pensés où le Soleil se meurt en un champ de pensées :

leurs sombres violets amers, leurs profonds noirs accueillent cette rouge et morne fleur du soir, ce grand géranium que l'espace veloute, qui saigne et meurt longtemps sous bois au fond des routes

et que nomment les loups déchireurs des lianes — entre louves et loups — « le Cœur de Viviane ».

« Il ne reviendra pas... » — « Je ne vous verrai plus... » — « Adieu vous dis, Merlin. » — « Vous fûtes mon élue : votre cœur est toujours ma Fleur en ces jardins... Je l'aimerai toujours ! » — « Adieu vous dis, Merlin ! »

Revoilez Viviane ô loups, de votre haleine... Merlin chante si loin que Dieu l'entend à peine.

Les Enchanteurs.

QUAND MERLIN REVIENDRA

Quand Merlin reviendra, les fleurs nées aux beaux jours se répandront de la corbeille du feuillage,

mais on ne verra plus sur le sourcil des pages un casque remplacer le toquet de velours,

alors viendra le temps, qui vivra saura, — pique l'arbre, pic ! — où Merlin reviendra.

Quand reviendra Merlin, le silence et la paix s'assembleront toujours au cœur de la Forêt,

mais on ne verra plus le ciel brûler nos landes, l'éther veuf de la foudre haussera ses guirlandes,

alors viendra le temps, qui vivra saura, — tirlire alouette ! — où Merlin reviendra.

Quand Merlin reviendra, les hymnes de son cœur brilleront dans la nuit par les trous de ses hardes,

lors on ne verra plus rimer des professeurs, les harpes sonneront aux mains des seuls vrais bardes,

ainsi viendra le temps, qui vivra saura, — siffle, merle, siffle ! — où Merlin reviendra.

Quand reviendra Merlin, reviendront à cheval le roi Artus, Gauvain, Tristan et Perceval

traînant sous leurs pennons tous les Huns enchaînés ; mais on ne verra plus de manchots couronnés, alors viendra le temps, qui vivra saura, — chat-huant hulule — où Merlin reviendra.

Quand Merlin reviendra, les roses du Bengale aux roses d'Ispahan feront visite un soir,

toutes prenant leur vol jetteront des étoiles aux roses de Provins ; mais il faudra les voir ;

alors viendra le temps, qui vivra saura, — chante, rossignol ! — où Merlin reviendra.

Quand reviendra Merlin, le rythme et la cadence apporteront au monde une ère d'innocence,

alors — et quand le riche accueillera le hère, quand les brasseurs ne mettront plus d'eau dans leur bière —

alors viendra le temps, qui vivra saura, — pie-grièche, crie ! — où Merlin reviendra.

Quand Merlin reviendra, toujours la Douce France de l'univers dolent consolera la peine,

et l'on ne verra plus haine et ruse en balance, la splendeur des blés d'or éblouira les plaines,

ainsi viendra le temps, qui vivra saura, — déchire l'air, coq ! — où Merlin reviendra.

Quand reviendra Merlin, nos fruits de l'autre année seront mangés, les cornichons assaisonnés,

mais on ne verra plus un huissier de potence au cœur des amoureux aigrir la confiance,

alors viendra le temps, qui vivra saura, — colombeau, roucoule ! — où Merlin reviendra.

Quand Merlin reviendra, la terre sera belle, Vénus, Amour, Psyché n'y sauront plus mourir,

et tu ne devras plus y craindre, ô ma Cybèle, Vulcain jaloux et Mars, dieux aux muscles de cuir,

alors viendra le temps, qui vivra verra, — Chimère, aboyez ! — où Merlin reviendra.

Les Enchanteurs.

Le roman de Louis XI

Extraits

EN ROUTE POUR LA GLOIRE ET L'ÉCONOMIE

Dans la chambre de l'auteur. — L'auteur s'écrie :

Louis XI, gagne-petit, je t'aime, curieux homme. Cher marchand de marrons, que tu sus bien tirer les marrons de Bourgogne ! Tu faisais le gentil, tu bordais ton chaperon de médailles de cuivre et d'images de plomb — on te croyait bien occupé à patenôtres, soudain tu te baissais, étendant tes longs bras, et tout doucettement, sans froisser tes mitaines, tu chipais un marron, puis un, puis un, puis un, sous les mitaines du cousin.

Mais si, par aventure, ses gros poings s'abattaient sur ton dos, ton dos maigre, tu pouffais de rire, et lui rendais son bien que tu lui avais pris. N'y avait plus que les coques, les marrons étaient vides. Ta gentille industrie te valut de grands biens !

Ainsi, moi, bon trouvère, quoique penseur nabot, je grapille ciel et terre, provinces de mon cerveau, sous les mains du Seigneur, toute lumière. Je dérobe à ses doigts les roses de l'aurore, les bagues de l'orage et le lys des nuits claires ; et j'ai de petites images fort idéales sous mon chapeau.

Chiper menu mais sûr, doux Louis XI, ô rare homme ! Que Dieu bon politique, ô rare entre les Louis, t'ait en sa bénie garde et que — comme, jadis, ton lévrier chéri allongé sous tes grègues, tu jugeais de douceur, ayant bonne chaleur, — tu sois, sur ses poulaines d'or au paradis, saint petit roi couchant, son plus chaud conseilleur.

Et, pour t'avoir loué contre mes professeurs, avoir suivi ta loi si toute de candeur, quand ce sera mon jour, que ce sera mon tour, tire sa robe à Dieu : qu'il me place d'amour.

Le Roman de Louis XI.

LAISSEZ PASSER MON DOUX PETIT LOUIS XI

A douces journées, mon doux petit Louis XI fit le voyage de Nantes à son petit Plessis : fin et noir, souple et doux, sur sa jument orange, tantôt petit Louis XI, à l'aube matinale, humant l'odeur des foins dans le vent de rosée ;

tantôt sur la route blanche, et sifflant aux alouettes, au bord des blés qui tintent sous le ciel de midi ;

le long des haies d'épines émaillées de blancs linges, que sèche, en les troublant, l'air saturé de sel marin ;

tantôt petit Louis XI sommeillant quiètement, au bercement de sa jument ;

petit Louis XI à l'ombre des bois bleus (entends-tu le coucou, malurette ? — non, je dors) ;

au bord des fontaines où rient des jeunesses, entre les roseaux ruisselants de fine pluie ; petit Louis XI ouvrait un œil, suffit !

au bord de la rivière où glissent les courlis : on se rendort, on se réveille, on vit ;

devant les moulins qui se font des signes ; lors, petit Louis XI saluait de la main ;

non loin des fermes isolées, où le cochon dodu vit dans sa liberté, où le pigeon roucoule dans le silence, près du lapin embastillé, un air triste à noyer son cœur dans le chagrin, où des bandes de canards et d'oies au bec doré s'effraient, parfois, devant un roi de France qui dans la cour quémande un bol de lait à deux femmes souriant sous les gerbes qu'elles portent ;

et sur un bac, passant l'eau de la belle Loire, ses doigts royaux serrant le nez de sa jument, et l'œil sur le passeur, un hirsute compère ;

ou sous les faveurs roses, qu'un orage bénin agite en touffe, au son du tonnerre : petit Louis XI, vite, se signait des deux mains, sans lâcher les guides! pour être plus certain de n'aller pas, de son maigre derrière, écraser quelque catherinette sur la terre; mais il laissait courir sa jument apeurée dans les prairies, dans les guérets, fouler au pied l'innocente marguerite, écraser du sabot les cinq écailles du bouton d'or; — au plus fort de l'action, très calme sur sa bête, il guignait l'arc-en-ciel pour relever la tête, puis sortait de l'épreuve, crotté comme un barbet; petit Louis XI ne se plaignait jamais;

près des châteaux perchés sur de grises collines et qu'un ciel bleu-de-France entoure de nuages blancs, petit Louis XI passait rapidement; et si, pour son ennui, le hobereau paraissait, le faucon au poing, le sifflet aux dents, petit Louis XI, un doigt sur la bouche, lui glissait à l'oreille ce mot: *« Incognito... » ;*

près des villages, qui sont comme posés sur la plaine, derrière un léger pli de terrain, tout de suite;

l'infini bercement des vagues de la plaine! ô tous ces clairs villages bercés au flot des herbes!... (quelqu'un dodeline sur sa jument);

lorsqu'il s'aventurait le soir dans les faubourgs, une musique guerrière souvent l'accompagnait: dans la rouge poussière du soleil couchant, une troupe enfantine frappant sur des chaudrons; petit Louis XI marquait la mesure de son menton;

le chaperon sur les yeux, il allait bien tranquille, et si parfois un bœuf le regardait passer, parfois un âne ou parfois un roquet, nul, à la vérité, ne le reconnaissait:

tantôt petit Louis XI écoutant l'angélus, dans le vent qui venait chargé de souvenirs;

tantôt petit Louis XI grignotant une miche (le pain blanc du Seigneur, mais doré de fromage); petit Louis XI soignait son petit œsophage;

tantôt petit Louis XI au fond du crépuscule: il semble qu'il avance, on dirait qu'il recule;

ou Louis XI, fin et noir, sur le fond des étoiles, petit Louis XI bercé dans un rayon de lune, petit Louis XI, la face au ciel, son petit cul bercé sur sa jument, sa fine tête valoise rêvant de force universelle, petit Louis XI matois cherchant Dieu, son complice, dans les provinces du firmament.

Plessis-lès-Tours ! — On y entra doucement... Charlotte dormait. Louis XI en fit autant, — non sans avoir un peu chatouillé la commère.

Le Roman de Louis XI.

AUBRY D'ARGENLIEU
OU
LES FLEURS DE LYS

Extraits

Et l'armée autour d'eux couvrait la plaine en fleurs.
Henri de Régnier.

Si loin le petit jour se levait gris perdrix, et cependant les bois sur un bord prenaient ombre, s'allongeant doucement du côté de Paris, vers la plaine où les blés couvaient sous la pénombre. C'était l'heure où le lièvre, en la rosée, taquine, assis dans les sillons, le poil de ses babines, d'une patte rêveuse, et l'heure où le soleil au chant de tous les coqs lève sa fine crête, rien qu'une fine pointe, il est vrai si vermeille, qu'il n'est pas un épi soudain sans une aigrette de flamme, au long regard du ciel devenu bleu, quand le lièvre s'enfuit sur la rosée en feu.

Le donjon, lui, est rose et son ombre s'allonge, comme l'ombre des bois, vers Paris. Tout s'éveille. Tout devient rose ou bleu sur terre et dans le ciel, fleur de pêcher, bleuet, ce n'est pas un mensonge. Mais sur la terre, ici, tout prend ombre et silhouette, les bois et les villages, l'arbre et la maisonnette.. Oh ! comme l'on voit bien, maintenant, l'archer de veille perché sur un créneau de la Tour-Montlhéry ! et pareille à la flèche dépassant l'arc tendu, de si haut tout à coup son ombre descendue, la première est posée sur le talus fleuri, — puis lentement s'allonge du côté de Paris.

Or, c'est par ce joli matin (plutôt *ce fut :* j'affirme en visionnaire, car je n'y étais pas ; hé ! vous le pensez bien, le dire est superflu) que sur la tour quelqu'un de dedans s'avisa d'errer près de l'archer veilleur, et d'écouter celui-ci qui, penché, lui disait : « Je ne vois encore que les figures du jeu de l'oie, messire, aux bords herbeux de vos routes loyales : les auberges, les puits et les ponts arcboutés, les fermes et les bourgs et la gent matinale. Rien de suspect aux yeux, rien de demi-caché, messire. » Au roi lui-même ainsi parlait l'archer.

Une main sur son arc il avait haute grâce. L'autre main sur ses yeux leur limitait l'espace. Il était grand et souple, il était ma foi beau, le pied hardi posé près d'un nid d'hirondeaux, tout au bord du créneau vers l'abîme : le pied droit. Ce n'était Apollo, mais un archer du roi que le soleil d'aurore entourait de ses feux. Il se penche à présent comme pour prier Dieu, mais c'est pour écouter des charrois au lointain. Son cœur bat fort sans doute en sa poitrine étroite, qu'oppressée il console en y posant sa droite, comme une marguerite, au bas du gorgerin.

Il scintille : or son nom est Aubry d'Argenlieu, et malgré sa jeunesse il est le capitaine des archers tenant garnison sur ces hauts lieux, dévoués au roi Louis et dominant trois plaines, où luisent dans les blés jaunis les trois faucilles de l'Orge, de l'Yvette et d'une fine Seine. Son corselet de maille et son casque scintillent. Des horizons perdus on le prend pour un feu... qui tout à coup s'éteint, car sur la plate-forme, en s'aidant d'un merlet, vient de sauter Aubry, et son haleine d'or à l'oreille de l'homme il parle, et d'un long geste englobe au loin Paris.

L'homme ? *Alias* le roi. Lecteur, point de réplique : je l'ai nommé de suite étant peu romantique. Au diable le mystère et foin de l'incertain. Mais ainsi parle Aubry dans le froid du matin à ce petit bourgeois de futaine vêtu : « Bien que voici quasi tout le grand jour venu, foi d'Argenlieu, beau sire, au vrai je n'ai rien vu. J'entr'ouïs bien racler maints chariots du côté, tout violet de vapeur, de votre grand'Cité, dessous le bois de Saulx en proie aux bûcherons. » Le roi nie d'un doigt calme et tout bas : « Mon fils, non. Ce ne sont point chariots lourds d'arbres, mais canons. »

« Qu'est cela ? » dit Aubry d'une bouche épanouie comme rose au cœur d'ombre. Évasif, le roi Louis : « C'est cracheurs de moellons ; c'est nouveau maléfice qui tôt vous met en jus. » — « Hélas ! » — « Hélas, mon fils. Mais entends-tu leur train cependant ? » — « Oui, j'entends. » — « Hisse-moi ! je veux voir ! Qu'est-ce que tu attends ? » — « Messire... » — « Oui, par le cul ! Toute la terre est rouge. O vent ! Depuis Paris le haut des arbres bouge. Ou ce sont eux ?... Écoute, écoute, compagnon... Entends sous bois l'appel du cor des Bourgongnons. Aide-moi, que je saute : il est temps d'avertir nos gens de Séguigny, car France ne sait fuir. »

Ce fier éloge, duquel tout mot est sans reproche, s'accompagne d'un geste du roi dans sa poche. Il en tire un beau, blanc et doux coupon de soie peint de fleurs de lys d'or, foulard ? mouchoir ? ou quoi ? « Aubry, cloue-moi ce signe en haut de la grand'hampe » (et le donne à Aubry) ; et devant qu'il décampe dans l'âme de la tour, spirale ténébreuse, le roi coule un regard de haine malicieuse vers l'ouest — juste pour voir accourir saut par saut, après avoir crevé l'orée du bois de Saulx, un gros de chevaliers dont la masse compacte, bien allante parmi les prés aux verts changeants, hérissée de cent lances et mue par un même acte, semblait une petite tarasque d'argent.

France, entends le soupir d'un roi tout débonnaire ! — Aubry, l'étoffe aux doigts, portant les yeux en l'air, mesure le haut mât et se gratte le casque. Le roi plus vite qu'un roseau sous la bourrasque s'est courbé devers l'ombre ; or, on ne le voit plus. Dans l'âme de la tour Louis XI est descendu. Messer Aubry, seigneur d'Argenlieu, capitaine d'archers, quoique noble homme escogriffe jeunet, ayant pris ses mesures, se gratte alors le nez, mais il est brave ! il fut le page de la reine et bien le plus hardi de tous ses ménestrels : il s'approche du mât, se passe au cou l'étoffe, saisit le mât, car trois lys d'or sur ses yeux flottent, et sifflant un motet il grimpe vers le ciel.

Et que voit-il grimpant et par les vents bercé ?... Ce n'est pas l'univers, mais c'est la belle France. Non toute ! le Parisis. Hé mon Dieu, c'est assez ! Assez pour plaire à l'âme douce qui s'y fiance, brave et douce d'un vrai Français. — Les vents le bercent. — Le mât plie. Aubry grimpe, il ira jusqu'au bout. L'on entend, pour le roi, se lever la herse par le bas, et qu'importe ! Il voit ! Aubry voit *tout !* Qu'un pont-levis s'abaisse à présent, qu'est cela ? Et voulez-vous d'Aubry qu'il admire l'arroi, connu de lui — combien que superbe — d'un roi qui s'en va batailler...

. . . .

Non ! ce que voit Aubry par les zéphyrs bercé, c'est vous, doux paysage à ses yeux cadencé, Parisis, paradis des moineaux sur l'avoine, des cailles sous les blés, des pigeons dans les bois, du million d'hirondelles que les vents légers vannent. Ah ! bonheur de chanter, Aubry, ce que tu vois, du haut de ce flexible mât qui te balance allongé sur sa courbe avec tant d'indolence ! Bel archer, bel archer, n'es-tu pas enivré de cette vie de fée que l'on ne vit qu'en songe, bel archer, sens-tu bien que l'âme se prolonge, ainsi ravie, jusqu'aux espaces éthérés ?

. . . .

Il s'en saoule de voir, oui ! Aubry s'en enivre. Il est poète, il est ménestrel : il faut vivre un peu, de temps en temps, de visions bercées. Rien n'est si naturel lorsqu'on n'est pas pressé. Quoi ! fixer à ce bout de mât ce bout d'étoffe, ce n'est plus long que d'avaler une lifrelofre, et monseigneur le roi peut bien attendre un brin. La foire n'est pas sur le pont et le cousin ne montre un nez méchant que par cent cavaliers, encor bien loin perdus entre Ballainvilliers et Saint-Jacques, et le roi, quoique en brave compagnie, n'a pu gagner déjà son ost de Séguigny.

Berçons-nous donc, Aubry, ménestrel de la reine, qui lui contas l'hiver dernier « ma doulce amour », page en velours flatté de ses doigts de velours, et qui devins par elle archerot-capitaine, berçons-nous et s'en aille errer son souvenir au gré des vents heureux qu'on nomme les zéphyrs. Plutôt laissons nos sens errer et s'épanouir et nous donner un léger goût d'éternité. L'Ile-de-France en fleurs chante au soleil d'été maints doux lieds, bois, prairies. Écoutons la nature et l'espace et les vents et des bois le murmure.

....

Les yeux sur ces vapeurs émues de l'horizon, ne croyez qu'il oublie, Aubry, sa mission. Non point ! les fleurs de lys dorées la lui rappellent, qui flottant sur leur soie s'interposent vermeilles, traversées des feux de l'aurore, entre ses yeux et l'empire des airs aboutissant aux cieux, la rose aurore où vont tous ces oiseaux d'or calmes, parmi lesquels, couverts de rosée, lui, son mât et sa volante écharpe, font le jeu d'une palme féerique et de cristal plongeant à gauche, à droite, puis tournoyant avec fougue ou précaution. Ne croyez pas qu'il oublie, l'archer, sa mission.

....

Il allait ainsi faire en digne gentilhomme, ce clair jeune homme brave entre les jeunes hommes, et qu'une reine aima — (« Doulce amour, que fais-tu ? » L'amour s'envole, *amen,* il reste la vertu. Qu'est le malheur pour un poète ? il est un bien. On lui donne la vie, elle est trouvée trop belle : la Mort passe et, sourire aux lèvres, il lui dit : « Viens ! » impatient de connaître un visage éternel) — il allait ainsi faire en s'écriant : « Montjoie ! » lorsqu'aux mille clameurs entendues à la fois, et bien que dix archers grimpassent au secours du capitaine enfant qui ressemblait l'Amour, le plus beau des archers, l'Archerot de la reine qui par ordre cruel fut tant mis à la peine, voici qu'au beau milieu d'une immense courbette, le mât vacille et perd, avec Aubry, la tête. Un boulet de canon la coupa net. Haro ! (Si tant est qu'un boulet de pierre allât si haut dans ce temps-là, mais pourquoi pas ?) « Vive la France ! » Le pauvret est tombé dans le camp bourguignon, aux pieds de fer du comte. Alors, gai compagnon, pourquoi ce cri de Vive ! et dans quelle espérance ?

Voilà. Je vous impose d'en être émerveillés. — Lecteurs, si vous ne l'êtes, c'est que vous sommeillez. — Du cou frêle d'Aubry la soie se détacha, fit le plaisir de maints zéphyrs, puis s'envola si haut que peut monter de la soie vers le ciel, poursuivie de pigeons et d'un flot d'hirondelles. Cela montait, montait. Quand soudain le coupon fit mine de tomber. Aubry mort devint pâle. — ah ! je veux dire encor plus pâle sous le sang. Et le coupon de soie descend, descend, descend, jusqu'à presque coiffer le front d'un Bourgongnon. Mais quatre colombeaux, quatre petits pigeons soutinrent de leurs becs rosés les coins du voile — et Dieu parmi ses anges, le vrai Dieu des combats, reçut trois fleurs de lys doucement sur ses bras. C'est depuis ce temps-là que sur nos beaux écus, Dieu protège la France. Et je m'arrête ému, laissant de Montlhéry le combat illusoire se poursuivre couci-couci. (Voyez l'Histoire.)

Montlhéry-la-Bataille.

L'HÉROÏQUE RÉSISTANCE DE LA VILLE DE BEAUVAIS

Maître Tristan l'Ermite ne s'était pas trompé : la Bourgogne enrageait considérablement, que dis-je ? ne rêvait plus que vengeance et que guerre. Pour être juste, quand je dis la Bourgogne, il faut entendre monseigneur Charles, car si l'on eût demandé l'avis des Bourguignons, je sais bien ce qu'auraient répondu les compères. — « Mieux vaut teindre sa trogne de vin rouge que de sang. » Ce sont hommes de bon sens, que voulez-vous y faire ? et qui ne connaissent de frontières, sinon les bornes de leurs champs.

Les villes de la Somme réapprivoisées sous ces mitaines caressantes et la Guyenne revenue tranquille s'allonger contre ses poulaines, le roi Louis se trouvait plus puissant que jamais. Son âme royale en était toute contente.

Charles n'hésita point, il se mit en colère, et, comme on déchire un vêtement trop usé, rompit la trêve d'un grand coup sec. L'or flamand lui avait ménagé des armées : avec elles il rentra en France dans le but de la saccager.

En même temps, il lançait un fougueux manifeste, adjurant tous les princes et gentilshommes français de s'unir pour frapper cet exécrable fratricide, — c'est ainsi qu'il appelait le roi dans sa colère, ce bon roi qui s'était signé de la tête jusques en terre, en apprenant le dur trépas de son cadet, — de s'unir pour venger cette mort tant piteuse et inhumaine, qu'oncques on n'en avait ouï mentionner de pareilles, dans la chrétienne Europe, depuis au moins trente ans !

Manifeste et colère bien cousus de fils blancs.

Le duc de Bretagne, comme vous le pensez, s'y laissa prendre ; mais ce n'était pas lui qui avait inventé le fil à couper le beurre exquis de son pays. Il affûta ses lances de son côté.

Charles, de l'autre, prit et saccagea Nesle, que le roi Louis de France lui avait ravie, et qui aimait le roi Louis de France à tout le moins une fois plus que lui. Car celui-ci faisait peur à tout le monde.

Les citoyens, la garnison, archers, bourgeois, femmes et enfants, devinrent l'objet d'un beau massacre en masse et firent aux rues un pavé bien mollet. Leur sang, au-dessus d'eux, coulait épais de plusieurs pouces. — Quand le duc entra dans la ville, grande fut sa satisfaction : la queue de son cheval traînait dans le sang.

Il eut un long sourire farouche.

— Voilà le fruit, s'écria-t-il, qui grandit sur l'arbre de la guerre ! Voilà vraiment un beau spectacle ! En vérité, j'ai de bons bouchers avec moi.

Puis il piqua des deux au milieu des cadavres, en pleurant de joie.

Le rapide, sagace et expérimenté roi Louis jeta vite un atout sur cette rouge carte. Il venait de combiner un gentil plan de campagne, pour mettre à mal son ennemi.

Tout autour des armées du duc Charles, qui merveilleusement s'en ébahissaient, les francs-archers du roi, sous la conduite de Dammartin, ravagèrent le pays soigneusement. — Mais ils esquivaient toujours la bataille. — Ces légers francs-archers tenaient de l'hirondelle. S'ils voyaient seulement surgir à l'horizon, tout au bout du ciel bleu, un étendard avec un lion, pfuitt ! ils s'envolaient à tire-d'aile. Et le duc Charles avait rase plaine autour de lui : plus de moissons, plus de villages, pas d'ennemis.

Toutefois, il avançait.

Il avançait, la faim aux dents.

Il marchait pour rejoindre son allié de Bretagne qu'il s'entêtait à croire vainqueur en Normandie, rassasié de lait pur et de pommes d'api.

Bien amaigri, bien affaibli, force lui fut un jour de s'arrêter. Il s'arrêta devant Beauvais, qui l'attendait.

. . . .

Antoine Canard, dit de Lâtre, écuyer de l'écurie du roi, quittait précipitamment l'armée royale le 12 juillet, porteur d'une missive pour les habitants de Beauvais. C'étaient les remerciements du gracieux roi Louis XI à « ses très chiers et bien aimés subgiets » pour leur vigoureuse, leur léonine résistance au duc Charles de Bourgogne qui les assiégeait.

A ce faire, Charles n'avait rien gagné, sinon grand accroissement de déshonneur et honte. Toujours à l'assaut et toujours repoussé. Mais, si sa lance gaillarde en était émoussée, son robuste appétit s'en trouvait aiguisé.

Hélas ! les vivres étaient dans Beauvais !

Et lorsqu'avec ses gens il grimpait à l'échelle, que leur jetait-on, dites-moi ? — des poulets ? non pas, — des radis ? du beurre ? vous êtes dans l'erreur, — des agneaux ? des bœufs ? plus souvent ! — des fraises à la crème ? des melons ? des salsifis ? fi ! vous vous moquez ! — On leur jetait du plomb fondu dans les prunelles ; sur le nez, sous le nez des torches enflammées (comme roses écloses, bonnes à humer) ; et par tout le corps un joyeux pêle-mêle de meubles, de pavés, d'ardoises, de boulets, de crachats, d'os rongés, d'ordures variées, de petits clous, de grands clous, d'enclumes, de marteaux, de casseroles, de piots, de papinettes en fer, d'assiettes, de fourchettes, de poêles, de cuillers, d'encre, d'urine, de graisse et d'huile bouillantes, que sais-je ? de tombeaux, de margelles, de cloisons, de gouttières, de toits, de clochers, de cloches, de clochettes qui tintinnabulaient gracieusement sur les têtes.

Que leur jetait-on encore pour ne point mentir ?

Ah ! maints objets moult contondants, tranchants, affûtés, effilés, en boule, en douille, grenus, cornus, en scie, en soc, de terre, de tôle, de pierre de taille, de fer, d'acier, arqués, hérissés, tordus, confus, tout mal fichus, moussus, rouillés, éraillés, en lanières, en coin, en creux, en crible, en croix, en cric, en croc, sonnants, crissants, sifflants et ronflants, faisant humph, ouf, louf, pouf, bring, sring, tringl, balaam, bottom, betting, batar, arara, raraboum, bul, bul, breloc, relic, relaps, mil, bomb, marl, roug, batacl, mirobol, pic, poc, quett, strict, pax, diex, mec, pett, sec, sic, soïf, flic, faïm, bric, broc, brrrrrr..., qui enfonçaient les crânes, élargissaient les nez, tricotaient les oreilles, écarquillaient les bouches, faisaient voler les dents, les doigts, les coudes, les bras, les mentons, les pommettes, mariaient les yeux, en dédaignaient l'omelette, désossaient les épaules, abrutissaient le thorax, décourageaient les cœurs, mettaient l'intrus au ventre, scrutaient une fesse puis l'autre, en tiraient faux boyaux, faisaient de couilles bouillie décevante, de cuisses cuissettes, de rotules billes et développaient les pieds ou coupaient l'homme en cinq, six, sept, voire.

Oui-dà, encore, que leur jetait-on ?

Des cadavres, des injures, des merdailles et des flèches ?

Bien mieux ! (frissonnez avec moi) — des maisons. Et peu s'en fallut que, par-dessus la ville, on ne leur jetât la ville entière !

Heureusement, Dammartin faufilé dans Beauvais, avec ses bandes de francs archers, vint mettre un frein à ces glorieuses dépenses. Ce sage et preud'homme guerrier estimant que jamais le roi ne les pourrait payer ordonna tout d'abord qu'on arrêtât les frais. La défense, maintenant, se poursuivait en règle. Des troupes, chaque jour, accouraient de toutes parts au secours de la vaillante ville assiégée. Le duc Charles, qui n'était rien moins qu'un César, avait, dans sa hâte de manger une miche et de boire ne serait-ce qu'un pichet de vin doux, avait, dis-je, militairement omis d'investir Beauvais du côté de Paris. Et des troupes, des troupes, des troupes se faufilaient.

Évidemment, de cette part comme de l'autre, une joyeuse trêve allait bientôt pointer du nez. — Le roi remerciait donc ses valeureux sujets, et, par cette missive que maître Antoine Canard, son écuyer cavalcadour, leur remit fidèlement le 14 juillet, il les exemptait de toutes tailles et gabelles, leur restituait leurs privilèges anciens, tels qu'ils les avaient eus du temps de Philippe le Bel, les appelait gracieusement les sauveurs de la France, ajoutant qu'ils resteraient sans cesse auprès de lui en très singulière recommandation ; enfin les suppliait et néanmoins leur mandait de vouloir déposer ses plus royaux hommages aux pieds d'une certaine dame Laisné, dite : Hachette.

Et ce fut une belle fête et presque nationale, que ce 14 juillet dans la ville de Beauvais. On fit sonner les trompes à défaut des bourdons, qui avaient servi à coiffer les Bourguignons. Étendards au soleil, tourna sur les remparts la grande procession de Sainte-Angadresme ; et pour « ennuyer » le duc Charles dans la plaine, figurants et public mangeaient des tartelettes.

Le Roman de Louis XI.

RICHARD CŒUR-DE-LION

Pas n'est merveille si j'ai le cœur dolent, lorsque mon seigneur met ma terre au pillage.

Richard CŒUR-DE-LION.

[Écrit dans les ruines du Château-Gaillard aux Andelys.]

1

Sous l'aigrette rouge de l'œillet sauvage qui parfume la Ruine aux soirs de juillet, dans un abandon à ne finir jamais, que pensiez-vous de moi, ce vert soir d'orage, pensées de mon cœur fol — sous l'œillet sauvage qui tremble au donjon les soirs de juillet?

Je le sais, vers l'orage, hélas! vous pensiez que j'ai le cœur aventureux et imparfait, un cœur grondant, bientôt muet, muet aussi, tout comme le ciel sur cette aigrette-ci; dans l'air, sous la fleur, n'est-ce pas, vous pensiez que j'ai le cœur aventureux et imparfait,

semblable à celui, si changeant de fortune, du pauvre et vaillant chevalier-roi Richard. Ce soir l'orage s'entrouvrit à la lune au bord des remparts. — Dans tes œillets, ce soir, le vent fut mon Blondel me chantant fortune, château de Richard Cœur-de-Lion sous la lune.

2

Il advint hier qu'au milieu de cent roses, trouant une haie, certain grison vint braire juste sur mon front et de pétales roses m'habilla, comme le ciel l'était d'éclairs, qui crevaient la nue en traînant le tonnerre, tant, qu'au milieu des roses, il advint hier

que jamais encor, m'approchant de ces ruines (car je montais à ton château, roi Richard), atours plus féeriques, musique plus sublime ne me furent offerts par le dieu Hasard, si bien que tu me vis, blanc Château-Gaillard — qui par éclairs vis ce qu'il advint hier —

enfourcher le grison au son du tonnerre, et couvert de pétales et aux mains deux roses, m'offrir, en narguant les flèches de l'éther, comme un nouveau maître au castel solitaire, un autre Richard lyrique mais sans pose, — puis choir du grison, comme il advint hier.

3

Ainsi, chaque jour — sans grison la plupart — je viens chanter le los du Château-Gaillard, de la Seine d'argent à ses pieds coulant, du donjon cassé par un roi peu musard, de ses fleurs surtout que je chante avec art et d'un fleuve d'argent à ses pieds coulant;

et quand bien même il souffle un bon frais, souvent, je chante Seine et fleurs et castel au vent qui ma voix emporte, et ris de la bourrasque, cheveux déroulés, car je n'ai pas de casque : tout me devient airs non ouïs auparavant, le donjon et ses fleurs et la Seine d'argent;

il n'est point jusqu'au ciel, qu'ivre je ne chante : ses châteaux de nuées là-haut peu bâtis s'écroulant sur mon front en ombres errantes et sur ces vieux murs noblement répartis, puis allant embrunir, là-bas, les chalands et le fleuve d'argent dessous eux coulant.

4

Cependant qu'au front de ces tours misérables, chardonnerets, tarins sifflent leur antienne, couché sur la fine arabette des sables, il me plaît de chanter, moi, la guerre ancienne. Certes, il fait bon ouïr le sifflet des oiseaux, mais plus encor chanter les anciens assauts.

Châteaux forts assiégés ! murs qu'on déracine ! après tant d'efforts flageolantes courtines ! et quand le combat sera bien emmêlé, petits et grands cheyant dans l'eau des fossés. Sautant des palissades garnies de forts pieux, des deux côtés l'on crie : A eux ! à eux ! à eux !

Il me plaît jusqu'au fond du cœur de rêver — rangés dans la campagne — aux fiers chevaliers ; il me plaît de voir pavillons plantés, d'entendre hennir chevaux démontés, aussi beaucoup d'hommes d'armes bruire ensemble : la chanson de mon cœur à ce bruit ressemble.

5

Rêver, chanter sont même chose, ô poètes ! — Ah ! les chevaliers donnent ! Je les vois en rêve. Ils vont au pont-levis, droit, poussant leurs bêtes ; ils y sont. Le malin pont-levis se lève. Et c'est pour un instant (minute charmante) sur leurs panaches la pluie d'huile bouillante.

Dieu !... que les cris d'armes rendent l'écho sonore ! Diex aie ! Dame Diex ! Passavant li melior ! — Foin ! c'est aux pionniers à ceindre le château de tours en bois, de pierriers, de mangonneaux. Du haut du beffroi, sur la grouillante marge, les arbalétriers triplent leurs décharges.

Dans les fossés, vilains, jetez sans relâche fascines et rocs et mottes de gazon. — Passez ! Creusez la mine au pic, à la hache ! Travailleurs, boutez la flamme aux étançons. Une tour s'écroule et se comble un fossé. Les échelles ! l'étendard fleurdelysé !...

6

Mon cœur bat. — Je l'entends. — Adieu, grand-visions ! Il n'est bruits que de mon cœur et d'un grillon, et le soleil jaune va sur son coucher. — Qu'au déclin des jours mon rêve est attaché ! — Levons-nous, j'herboriserai au crépuscule, cherchant l'herbe qui rajeunit, l'herbe de lune.

Ah ! sais-je pourquoi mon pauvre cœur se serre ? Pensé-je à l'amour qui me quittait hier ? Tu traînas ici même désespérance, Richard languissant pour cette Alix de France que ton félon père aimait à la folie : ta révolte eut raison de sa félonie.

Si je pouvais tuer de chagrin mon père, afin de consoler, par froide ambition, ma disgrâce amoureuse, ô dur Cœur-de-Lion ! étouffer dans mon cœur l'amour fraternel, comme tu fis en égorgeant le Court-Mantel, pour régner, — si je pouvais, enfin régnant, à Jérusalem délivrer Lusignan !

7

Non, me faut aimer, me faut traîner ma peine, pleurer contre la pierre ici, que voici, où j'inscrivis son nom entre un hélianthème et cet œillet couleur de cœur. — Suis transi ! — Je vais herborisant au clair de la lune, cherchant sous la mousse l'herbe qui rajeunit.

Las ! de cet amour faut-il qu'il me souvienne ? Il me faut attendre le jour pour chanter le donjon, les tours, les nuages d'été, la rivière d'argent et la guerre ancienne. Las ! de tant d'amour faut-il qu'il me souvienne ? Le petit jour rouge seul me fait chanter.

La nuit est sans sabbat, je n'ai qu'un fantôme pour m'accompagner : celui de mon amour. Je vois glisser son voile. Autant en vaut l'aune. Ce n'est qu'un rayon de lune qui se déroule… Dans cette solitude irai-je réveiller, au cœur de ses roses, l'âne du jardinier ?

8

Mais à l'aurore en fleurs, qu'est-ce que j'oublie ? A l'aurore en sa fleur j'oublie mon amie. Et je chante et je chante et je chante alors la Seine et ses îles et le château fort. Une tour s'écroule et se comble un fossé. « Les échelles !… l'étendard fleurdelysé !… »

Richard d'un bras noir a saisi l'étendard. Il sera l'oreiller de ta couche, Alix ! Fleur de France, on te baisera sur des lys. — Que ce petit chant ailé, sans forme fixe, puisse, en même guise, à ma mie revenir. Aussi bien je l'ai fait pour elle y dormir.

Trois vers dits plus haut sont de Bertrand de Born. Les autres sont de moi : peu d'esprit les orne. Hé ! voulez-vous bien qu'on ait la tête à soi quand vous point l'amour ? est-il cœur qui raisonne ?

Fis-tu mieux, Cœur-de-Lion, Richard, ô mon roi ! Si tu fis mieux — troubadour ! — inspire-moi,

puisqu'en ton château l'univers m'abandonne.

Chansons pour me consoler.

BARBE-BLEUE, JEANNE D'ARC ET MES AMOURS

Extraits

CHANT III

L'EXEMPLE DE JEANNE

(Fragment : premières pages)

1

Ni les grands faits du Temps passé, ni ceux des anges au ciel même, ni de l'Amour n'ont surpassé les tiens, ô Jeanne de Lorraine ! Chantons : « La belle vie, ma foi, toute à la France et toute au roi. »

Voici femme suave et tendre qui, bergerette à ses moutons, devint homme sans plus attendre ; oyez : beau lancier de renom. Quel honneur pour le féminin, dites, coëffes et hennins !

2

Bergère fut, sans contredit, filant à main rêveuse et blanche les fils tombés du paradis et les rayons entre les branches, en même temps, vers la preslaie, que sa laine, couleur du lait ;

bergère fut, grave et sereine, sifflant parmi ses dents de lait jolis sirventes et doux lais aux fées, à la Vierge, à des reines, bergère et filant sa quenouille au bec, aux yeux ronds des grenouilles.

3

Où coule une claire fontaine ? La plus claire est aux Bois-Chenu. Toutes les fées y sont venues prendre jeunesse de l'eau saine, en y buvant, en s'y mirant, en s'y lavant le nez souvent :

aussi l'Arbre-des-Fées l'ombrage, le hêtre aux feuilles qui voyagent, vienne la bise, avec nos fées dans l'air en troupes décoiffées. Lors, le remire dépouillé la Fontaine-des-Groseilliers.

4

Mais soit l'hiver, mais soit l'automne, mais en été comme au printemps, la jeunesse autour s'y guerdonne d'être jeunesse et tant et tant ! A la course on joue, à la paume, à « boute ici ton nez, Guillaume,

« ferme les yeux : que sens-tu là ? », à colin-maillard, et le soir, quand Biget corne aux bœufs, voilà que l'on fait la ronde — il faut voir — folle ! et qu'on se mêle essoufflés et la joue rouge au bal des fées.

5

L'angélus peut aller son branle au clocher, sonner bas et haut, la mé crier qui la gourmande, Jeanne s'en donne à cœur d'oiseau ; elle vole entraînant la ronde, les enfants bruns, les enfants blondes,

poursuit le vol des fées malines : elle est dans les prés à bondir ; et semble chose en tout divine et de la voir et de l'ouïr chanter vieux cantiques latins ou prédiction de Merlin.

6

Or le temps des fées passe vite, première foi de la jeunesse, et le temps vient, petits, petites, d'évoquer les saints après messe. Fillette, au cœur des lilas bleus, sainte Colette évoquait Dieu.

Ainsi Jeanne (entre l'aubépine) fit pour l'archange Saint-Michel et ses deux belles Catherine et Marguerite, fleurs du ciel. Jeanne les vit hors de l'église. Comment? ne sais : par voies exquises.

7

Las! las! ce don miraculeux se perd avec la joie de vivre chez les enfants nés d'orgueilleux : comme à s'entreplaire ils se livrent! — Las! las! ce don s'en va toujours aux mars, avril, mai des Amours.

Il n'en fut point queussi-queumi, tant s'en faut-il, pour ma bergère. De haut Jésus l'avait choisie, la nommant son varlet sur terre; et nous savons quelle espérance il fondait sur son innocence.

8

Les saints ont des voix à l'aurore magiques, fines, voix d'abeilles, qui sortent de leur forme en or, bercées par les branches vermeilles. Les trois saints de Jeanne y chantaient. Nous savons bien ce qu'ils disaient.

— Ce fut au jardin de son père, contre l'eau verte où fuit la truite, que lui vinrent des Voix si chères entre aubépine et clématite, devant son village endormi sous trois abeilles, Domrémy.

9

A fin matin, ce n'est pas plus que trois légers menus points d'or, les trois Bienheureux descendus en la nuée qui s'évapore, trois saints : l'archange et les deux saintes, vers ce bourg dont la cloche tinte.

Ils abordent les saules gris où se tend l'iris d'un bel arc ; y voici nos Bienheureux pris ! sont-ils farfadets ou monarques, lumineux, grands, ne disant rien, sinon ce que nous savons bien ?

10

Sinon ce que nous admirons et que Jeanne en son cœur adore. Peu de mots qui seront l'aurore d'heureux temps que les gens vivront. Peu de mots, tous à répéter par un roi dans l'éternité.

Les gens sont Français, le roi, Charles. Les mots étaient, qui sont anciens : « Reste preude, et te conduis bien. C'est Michel-des-Cieux qui te parle, et maintenant c'est Marguerite. Écoute, elle aime à parler vite. »

11

Et Marguerite : « En la pitié qui est au royaume de France, garde tes âmes et cœur entiers. Le ciel verra ta récompense. Écoute à présent Catherine. Ouïs-la bien : sa voix est fine. »

Et Catherine : « Il te faudra, noble et hardi comme est ton nom, guerrière en fleur, trouver le roi, te révéler digne, à Chinon, de rompre Anglais sur ses provinces, puis de l'aller sacrer dans Reims. »

12

Jeanne écoutait, demi-tournée vers cet archange ou vers ces Dames, le cou modique et le doux nez vibrants et l'esprit hors de l'âme ; rouge en son vêt (telle était Jeanne) manteau, cotte à la paysanne.

Au tremblement de la Pucelle, en s'étageant, l'un, l'une et l'autre, je dis des saules gris les hôtes, apparaissaient, parlaient du ciel, du roi, de Reims et d'Orléans, chaque matin de ses treize ans.

13

Quatre ans et plus (mais plus non guère) Michel, Catherine et Margot vinrent parler à la bergère, fût jour de pluie et d'escargots, fût jour d'azur et de blés d'or, ou de bourrasque, neige et mort,

vinrent parler (Michel haussant un glaive effroyable en sa main, les Saintes deux lys avenants) tant au Bois-Chenu qu'au jardin, tant aux prés qu'au Château de l'Ile : Jeanne écoutait, sage et docile.

14

Qui donc vit choses advenir et qui d'abord n'y croyait pas ? Son père Jacques. A vrai dire il goûtait le bon saint Thomas. Mais qui pouvait croire à tel gré Jeanneton ? nuls, ni le curé.

Or ce n'étaient fumées de fables ou « vues » que pour le visuel, ces beaux saints au toucher réels, et pour le nez moult agréables. Jeanne le dit sous la cornette à sa petite amie Hauviette.

15

A bien d'autres encor, ma fi ! A sa bonne maman Romée... On ne croit qu'après renommée. Croire en Dieu serait un défi du cœur à la raison — holà ! — si l'Évangile n'était là.

Et pourtant ces Voix immortelles, nous y croyons, Français joyeux, y croirons tant que le Soleil prendra son nid au toit des cieux. Lors n'y croyaient, Romée ou Jacques, plus qu'à de l'or « en bousé d' vaque ».

16

Français hardis, joyeux de croire en un passé touché du doigt par nos aïeux, huez ma voix. Elle est si bien connue l'Histoire de Jeanne et de sa Mission. — Qu'y mettrai-je ? ma passion ?

Vous ferai-je suivre d'un cœur ouvrant les ailes de ma foi, les premiers pas du lys en fleur vers son gentil Dauphin le roi ? Quelle emprise où bondit l'amour, les voyages de Vaucoulour !

17

Il en fut deux et bien moqués de tous les gens au villainage, croyant Jeanne emberlucoquée du Diable et voire davantage : par trop de messes étouffée et quasiment tournée en fée.

« Adieu m'amie, adieu Mengette. Devers messire Baudricourt — adieu ! — je vais à Vaucoulour... Adieu

Guillemine, Hauviette... Adieu Domrémy, la rivière, le toit de mon père, adieu mère!... »

18

Baudricourt, le plaisant messire, brusque soldat, franc capitaine, rit largement dans sa bedaine, et haut! lorsqu'il vint à l'ouïr conter, mon Dieu, vous savez quoi: le commandement de ses Voix.

Les solives de la maison étaient de bon chêne, sinon tout par ce rire eût éclaté. « Ça, va te faire fouetter! » rugit-il... la première fois. La seconde? — *écrivit au roi*.

19

Est-il à Dieu rien d'impossible? C'est un grand fauteur de miracles. Et nous savons tous par la Bible que nul ne lui peut faire obstacle. A Dieu donc ce fut turlutaine de tricher un vieux capitaine.

Jeanne partout s'en va narrant le désastre encore inconnu de la bataille des Harengs. Voilà comment s'y prit Jésus pour mettre en effroi Baudricourt, qui ne sut rien qu'après trois jours.

20

Devineresse et prophétesse, Jeanne lui parut un fardeau qui ne tenait pas sur son dos, un chien à ne garder en laisse, une foudre toujours possible dont il eut peur d'être la cible.

Las de cette peur et de Jeanne, or il écrivit à son roi qu'il lui « donnait » Jeanne et ses Voix. — Ainsi, vainquit la paysanne! — N'est-ce pas chose hors nature? Mais tout se fait que Dieu assure.

21

Elle mit bas capuche et cotte et vêtit, d'un page nouveau, le pourpoint, les chausses, les bottes, les éperons et le chapeau ; et dut un hongre aux siens amis Novelompont et Poulengy.

Ceux-ci, leurs valets, un archer, tel est son clan pour chevaucher. « Bonsoir ! advienne que pourra ! » dit Baudricourt. — « Fol qui rira : je me confie à mon Seigneur, aux Saints mes frères et mes sœurs. »

22

Longtemps vers eux, car ils sortirent de Vaucoulour au tard de nuit, les chiens de ferme se plaignirent, l'eau de la Meuse enfla son bruit, les chaînes hors des puits grincèrent et les arbres s'entrechoquèrent.

Nuits après nuits, sans débrider, fuyant tous les errants qui cognent pour France, Angleterre ou Bourgogne, ils furent par les cieux guidés... Aux nues Jeanne disait souvent : « Je vais délivrer Orléans. »

23

Sachez que par elle, Français, la chose advint, et sans doutance. Belle nouvelle ! quand le sait le plus petit marmot de France ; et que Jeanne vint à Chinon répondre des « si » à des « non ».

— Suivrai-je, ayant franchi le pont, la Lorraine aux royaux logis, entre Jean de Novelompont et le sire de Poulengy ? Da ! le roi qui cachait sa panse n'en eut pas moins sa révérence.

24

« Gentil roi, je vous mènerai couronner à Reims, qui que veuille ! Orléans je délivrerai, devant que rougissent les feuilles. » Qui se rit d'une telle foi ? Pas le moindre petit Gaulois.

Et qu'un signe à lui révélé convainc ce Charles, mêmement que docteurs et clercs sont troublés par l'air divin de tes serments, Jeanne !... qui l'ignore ou s'en pique ? Nul enfant de la République.

. . . .

LA LANTERNE DE PRIOLLET
OU
L'ÉPOPÉE DU LUXEMBOURG

Extraits

CHANT SIXIÈME

LES AMIS DES AMIS

(Fragment)

Penché sur le balcon de la Lanterne de Priollet, tour élevée, l'Homme contemple Paris.

Paris sous le jour frisant que perd en glissant l'orage qui s'évapore

tangue et fléchit et se noie, monuments et toits, dans un trouble océan d'or,

mais le jour se précipite… Paris se limite et reprend sa beauté nette

et dômes, tours, clochers grêles, sur un ciel de perle, dessinent leurs silhouettes.

★

Mon Paris qui plus ne tremble, à présent tu sembles une grande fleur de givre

sur la fenêtre argentée de l'Éternité qu'ouvre un Dieu content de vivre.

Ta fleur bleuâtre et vermeille fond à ton soleil : ce qu'il reste de cristaux,

c'est, je crois, la tour Eiffel, la tour où je veille et le Sacré-Cœur — là-haut !

★

Mais non, tout réapparaît sans le faire exprès à mon œil visionnaire,

mais non, tout se cristallise et flèche d'églises et dômes ruisselant d'air ;

solide et prenant la face d'une arche de glace, l'Arc de Triomphe étincelle,

le beffroi de Saint-Eustache brille, et se détache la fine Sainte-Chapelle.

★

Oh ! voici, Fleur de mon âme ! voici Notre-Dame-la-Grande-à-la-grande-Rose,

sur qui les chenilles grouillent, de mille gargouilles, et vos papillons se posent,

foule d'anges regardant s'abîmer longtemps hors d'une flèche ardoisée,

par bandes vertigineuses, saints et bienheureuses et démons vert-de-grisés.

★

Au grand soleil prenez place, digne Val-de-Grâce, Tour-Clovis et Panthéon dont la cime illustrissime nous cache la mine de Saint-Étienne-du-Mont !

Quartier Latin suscité ! Comme il est sculpté du pouce en or du bon Dieu !

Mais, las ! je vois s'y dresser un doigt courroucé : la Sorbonne est en ces lieux.

★

Evohé ! ma rue Saint-Jacques et le cul-de-sac Saint-Benoît-le-Bétourné,

patrie de François Villon : n'est-ce en leur giron que mon seul grand maître est né ?

Grouillis de rues, je vous aime, patrie de moi-même et de sainte Geneviève.

Mais encor cette Sorbonne avec sa colonne ! encor son doigt qui se lève !

★

Fuyez, mon regard sévère, d'un vol circulaire, jusque sur la proue à jour

du navire Saint-Eustache : près de son attache, ont vu le jour mes amours.

C'est pourquoi je le renomme et le voit, en somme, toujours avec plaisir battre

l'océan multicolore des Halles sonores au pied de la rue Montmartre.

★

Par delà, mon regard crée la Butte sacrée, en un coin brumeux du ciel.

A ce profil je tressaille de joie — mais défaille au beffroi de Dufayel.

Sacré-Cœur déjà nommé, que ta renommée de « Sainte-Sophie » allègre

me console, et tous ces toits semblant près de toi les chats noirs des moulins maigres.

★

Grand-Opéra smaragdin et Saint-Augustin, fi !... j'en passe et des meilleurs,

je néglige (comme il brille !) de Sainte-Bastille l'éternel ange moqueur,

aussi le Trocadéro, ce noble escargot levant ses cornes tout droit,

et la Roue de l'infortune : j'aime mieux la lune au ciel, tel un fil de soie.

★

Invalides ! Invalides ! vous êtes splendides, je vous en loue donc ; ainsi

je ne peux, la trouvant belle, de la tour Eiffel, parler mal ni faire fi.

(J'aime autant Sainte-Clotilde...) mais que de Mathildes, de Laures ou de Lucies

j'ai fait grimper vers son haut, jusqu'à son drapeau ! Ça ! que vois-je emprès Passy ?

★

Ensemble et sous la poussière, les braises légères de ce couchant triomphal, vous condensez la Féerie de notre Patrie et du monde occidental,

tours, clochers, dômes, tourelles, flammes, étincelles de mon Paris. — Mon Paris !

je chanterai ta grande Ame, ton âme de flamme, dans un ciel de paradis !

La Lanterne de Priollet.

LA CATHÉDRALE DE REIMS [1]

Devant elle, près du « Lion d'Or », je naquis. — Enfant, les yeux encor brouillés de paradis, je la rêvais. Peut-être m'apparaissait-elle en musicale brume à travers l'air du ciel, et comme elle apparaît aux plus subtils des anges, dont tous les sens légers volent et s'entr'échangent.

Sans doute aussi la cathédrale était « chantée », irréelle ou réelle en ses métamorphoses, par les anges de Reims pour ma nativité ou bien n'étant qu'une âme en fleur et peu de chose, par mon ange gardien tout seul. Mais je le jure, elle *enchantait* déjà ma française nature.

L'angélique murmure, imperceptiblement, devint berceuse humaine aux lèvres de maman. Et la complainte émue du bon roi Jean Renaud (lors je ne savais pas que c'était que les mots) faisait s'évanouir pour moi dans les abîmes, et jusques à ma mort, le chant des kéroubins.

Ta complainte, ô ma mère, un jour s'interrompit sur le mot « guerre » ; et toi, penchée vers ton petit, et pressant à mon front la fraîcheur de tes doigts, tu t'écriais joyeuse : « Il voit ! il voit ! il voit ! » et père souriait de ta hâte enfantine à me tourner les yeux vers l'église sublime :

« Regarde ! » Ah ! oui, bien sûr, mes yeux à peine éclos ne voyaient pas plus loin que le bleu des carreaux et que des blancs rideaux sur eux l'ogive calme, et que tes doigts si blancs qu'ils allaitaient mon âme : ce fut plus doucement qu'elle naquit pour moi, réelle, grande, immense et rêvée à la fois.

1. Ce poème est une variante du texte primitif.

Elle naquit pour moi, devinée par mes yeux, un matin de printemps au cri des hirondelles. Mes menottes ont cru la prendre au bleu des cieux ! Renaissant chaque aurore elle m'était fidèle, tout habitée de saints, de rois et de héros, et d'anges à mi-vol, comme un arbre d'oiseaux.

Grand jouet de mon âme, ô française forêt de pierres, et vos tours, mes immenses hochets, vous êtes demeurés le seul Jeu de mon âme avec les trois hauts porches, en triangle de flamme, et dessus eux la Rose où l'on voit voltiger des pigeons becquetant les reflets passagers.

Puis quand je suis enfin venu, ma Cathédrale, mêler un cerf-volant aux ailes de tes anges, que j'ai de tous mes cris fait sonner ton parvis et, les cheveux au vent et poursuivant mes cris, entouré tes vieux murs des cent jeux de l'enfance, mais quand je fus ton visiteur farouche et pâle,

âpre au bonheur d'aller cueillir la fleur d'extase — les mains tendues vers la lumière des vitraux — et que l'effroi sacré, qui met l'âme en sursaut, me prenait dans la nef où chantait la Voix grave et connue des enfants aux jours du paradis, quand je t'eus faite *moi* — que tu me le rendis !

O Basilique, après t'avoir songée, mes songes longtemps ne furent plus obsédés que de toi, et tes anges, tes saints, tes apôtres, nos rois et ces deux grandes tours que l'aurore prolonge, tes vitraux qui font des miracles prismatiques, envahissaient mes nuits d'enfance, ô Basilique !

Ta forêt tend sur moi ses bouquets de figures, et comme de gros troncs étreints par des lianes, arcs-boutants, chapiteaux d'infernale nature, fûts et gables suscitent le grouillement des diables persuasifs et souples, ou d'une balourdise enfiélée ou, voire, ayant mines exquises.

L'enfer lui-même est sur un porche : oui, le voilà ! C'est au nord de l'église et les feux sont glacés par du givre ; eh ! qu'importe, ils cuiront, les prélats, s'ils eurent l'âme noire, et les abbés crossés. Mais quelle bonne humeur ! on dirait qu'ils s'amusent d'être par Satan même « encordés » à la cuve.

Aux sons des cloches du Dimanche et de mon rêve, la porte de Marie, le grand Portail s'élève ! et ses parois d'ogive où le Ciel échelonne dix légions ailées, mitrées et couronnées (semblant jolie tonnelle aux fleurs échelonnées) supportent Notre-Dame et Dieu qui la couronne.

Se levant de leur dais plein de petits clochers, ainsi qu'à l'horizon se lève un doux soleil champenois et brumeux, la Rose au cœur vermeil, tremblante de lueurs, vient de se détacher, soudain monte en sa gloire et dans le jour s'élance jusques au ciel ? mais non, jusqu'où les Rois de France

coude à coude s'assemblent, et regardent la France, là-haut, dessous les Tours, en auguste rangée. Voici le blanc troupeau de tous nos grands bergers qu'une gloire de feu soulève !... O flamme intense ! tout se lève et s'élève, et c'est le tour des Tours qui se perdent au ciel en un geste d'amour.

Dressées comme un encens par les flammes des Porches du Christ et de saint Paul et cent feux de verrières, les Tours montent ; le rêve y joue et voit derrière s'élever stipes, flèches, grands arcs qui se rapprochent : buissons, arbres de pierre, comme tout apparaît ! même les Animaux errant dans la Forêt.

D'où vient ce haut bruit clair que les échos répètent ? Un ange du chevet sonne de la trompette ? Non, le rêve me leurre et c'est vers le parvis qu'il faut tourner les yeux : de là vient ce clair bruit. — Vers le parvis baissons tous les yeux de mon rêve et goûtons leur plaisir devant qu'il ne s'achève.

Jeanne d'Arc ! ô fantôme adoré, vous voici ! Haussant votre étendard le héraut sonne, et Charles est de pourpre vêtu qui, docile, vous suit, mais regarde (entouré d'un peuple qui vous parle et vous aime et vous cherche et vous presse et vous suit) venir déjà — Bergère ! — en signe d'espérance tout le troupeau conduit des futurs Rois de France.

Peuples, Rois, chevaliers s'engouffrent dans l'église au cri de Jeanne, et l'étendard qu'elle a saisi propage une ferveur qui rend le son quasi des incendies sacrés que Dieu lui-même attise, et vrai !... la Cathédrale brûle, âme des âmes, et grondant de ferveur monte au ciel en rafale.

— Rêve de ma jeunesse, il faut que vous soyez la Vérité française. Vous l'êtes tout entière ! Songe où ma Cathédrale eût pensé m'effrayer — changée en flamme allègre illuminant nos terres, — lyrique mais gaulois, je vous ai dû la Grâce de ne chanter nuls chants que du goût de ma race.

La Basilique a pris la forme de la flamme, sitôt qu'elle sortit du cœur de Jean d'Orbais, — mais plus inextinguible et haute depuis Jeanne, holocauste vers Dieu de tous les cœurs français, vous n'avez pu, non moins que le ciel étoilé — guerre, affreuse guerre — l'éteindre ou la brûler !

★

— « Ci-finit le chant grave où tonnait ma douleur... Après tant de crimes nouveaux, tant de malheurs, puisse-t-il éveiller même écho dans les cœurs, puisse-t-il soulager les cœurs de mêmes pleurs,

puisse-t-il arracher des cœurs mêmes horreurs. »

Poèmes de France.

PORTRAITS
SUR
LE SABLE

MON PORTRAIT

Mes yeux, comme deux diamants noirs, brillent sous mon chapeau Rembrandt : ma redingote est noire ; noirs, mes souliers vernis reluisants.

Cheveux noirs serrant les joues pâles. Un long nez tombant de Valois. Et fleurant la malignité, j'ai la raideur de la fierté.

Sourire faux, regard sincère (Nature aussi, tu l'as permis !), et j'ai l'air de mâcher du buis quand je cause avec le faux-frère.

Devant Saint-Germain l'Auxerrois, mon ombre aux marches de l'église, je fixe le Louvre parfois, que le couchant mélancolise…

J'eusse aimé beaucoup être roi : quelque Louis XIII fatal. — Bien malin qui déniche en moi le poète sentimental.

Dieu, cependant, m'a fait un cœur, à moi comme à tous autres, hélas ! Il s'est amusé, le Seigneur, à mettre du feu dans la glace.

Je ferai vibrer toutes les lyres. L'âme humaine est ma religion. L'or se mêle, en mes réflexions, au sang, aux roses et à Shakespeare.

Paris sentimental.

Je ne suis pas un écrivain. Je suis le poète qui chante. — Quoi ! sans art mon chant serait vain ? A l'écouter mon mal j'enchante.

J'écris des mots pour le plaisir, et je les chante. Ah ! je ne sais. — Le flot des petits mots pressés voulant pleurer se met à rire.

Mais que soudain mon mal augmente, ma plume se brise en un cri. — Je ne sais quand je me lamente ou si je chante ou si j'écris.

L'Aventure éternelle.

LE POÉMIER

Sors de ce vieux bourbier de poésie, poète ! de sa vase gluante aux crapauds endormis. Soulève-toi d'horreur, mais non plus à demi, couvert de lieux communs épais, d'images blettes.

Jarrets gonflés par ton effort, soulève-toi des eaux croupies du Rêve. — Oui, c'est fait. Mais pourquoi resté-je ainsi courbé, vaincu par mon effort ! Un peuple de Sylvains me narguent sur ces bords ?...

A leurs cris je me dresse en piétinant d'orgueil. Que fais-je là ? Je prends racine, je m'enfeuille, et j'entends rire Pan au cœur de ma feuillée... Je suis un arbre à poèmes : un poémier.

L'Arbre à poèmes.

QUEL EST TON VIOLON D'INGRES ?

— Las ! las ! plutôt court que long,
c'est fort petit violon.
— Dis, quand même ! L'on t'en prie.
— Las ! las ! c'est la Rêverie.
N'en déplaise à Monsieur Ingres,
c'est mon violon mal-ingre
et qui, zon, zon, zon et zon,
pleurniche dans l'horizon.

Ferveur française.

ME VOILA COMMANDEUR DE LA LÉGION D'HONNEUR ET J'EN SUIS FIER

Je comptais sur des Obsèques Nationales

au bout de mes Peines et de mon Zèle.

On fixe à ma boutonnière une pierre tombale
petit modèle.

Ferveur française.

AI-JE LE TEMPS DE M'OCCUPER DE POÉSIE ?

Voir et savoir prennent ma vie à la campagne. Ai-je le temps de m'occuper de poésie ? Oh ! tant d'histoires ! Bonaparte ! Charlemagne ! Ici les Prussiens, Louis II le Bègue ici. De tout je suis savant ou plutôt le veux être au point de ne confondre un chêne avec un hêtre. Le gratte-cul m'est chicotin, l'ail ambroisie. Ai-je le temps de m'occuper de poésie ? Et voir ! Je suis *voyant* jusqu'à la frénésie. Nul n'a de meilleur œil pour surprendre le monde comme il est ou n'est pas. Mes visions abondent. J'aime à les préciser, malgré que vagabondes... : la fuite d'un coteau sous la fuite d'un lièvre, les grands nuages annelant le Rêve au Rêve, la pompe des chalands dans la pourpre des soirs, le bleu du ciel jouant dans le bleu du lavoir, les images des rois sur les cartes d'auberge, ou ce lent canal mort aux éternelles berges, et le verre oublié sous la tonnelle froide près du crochet — mon cœur ! — et près de la salade, et ma belle effeuillant, avec un doux ennui, ce coq maigre (ah ! plumer la marguerite ainsi !) : je vois ses yeux brillants de larmes dans la nuit, moi j'écaille un poisson sur le petit chat gris... notre lampe s'allume, est-ce effet du hasard ?... cependant l'air s'emplit d'un chant triste et hagard... la Grande Ourse est la harpe du Château-Gaillard... Ai-je le temps de m'occuper de poésie ? Voir et savoir, hélas ! auront perdu ma vie.

Chansons pour me consoler.

CANZONE DU VRAI VRAI

Il n'y a pas de plus grand poète. Il y a la Poésie.

CANZONE DU VRAI GRAND MAÎTRE DES VRAIS POÈTES

L'un d'entre eux m'a confié :

« Mais non, je n'ai pas de maître. Un seul, Villon ? Qui sait ? Peut-être… Alors, un autre ? Et c'est mon cœur. — On s'éduque par le malheur. »

Si tout l'Amour.

MODESTIE

OU RENDONS AU MAÎTRE INCOMPARABLE, AMI DE JEUNESSE ET MÉRIDIONAL...

D'où te vient ce goût subtil,
cette allure dégagée,
ce ton lointain, mais civil,
cette science jamais figée,

d'où te vient cette souplesse,
mon art divin quelquefois ?
je le dis, je le confesse,
à ce Paul-Ambroise, ma foi,

à cet exquis Valéry,
ce talon rouge de l'âme,
à ce Valéry si poli
— comme au souffle de Dieu la flamme.

Le Pèlerin.

L'AVENTURE ÉTERNELLE

(EXTRAIT)

4

Ce que je dois à Moréas ne peut être dit en paroles. J'avais une âme obscure et lasse. Quasiment il en fit la folle

fée des feux libres dans l'éther. « Aérer, aérer les mots ! Qu'ils soient de ces flammes légères dansant plus haut que les flambeaux. »

Ce que j'appris de Moréas fut mon secret. Non pas pour lui, puisque vivant — mon maître ! hélas ! — il savait tout comme aujourd'hui.

JE SUIS LIBRE

Je suis libre. Aussi bien je veux tout me permettre. Je vis, sans dieu, sans lois, ma vie au jour le jour.

S'il me plaît de chanter un refrain déshonnête, j'y vais de mon gueuloir. Fermez tous vos fenêtres !

Non ! pas de sous ! d'honneurs qui sont de petits fours ! Ah ! vous cherchez, messieurs, comment vit un poète ?

Mais du temps, vous savez, du temps. C'est un amour de monstre. — Il se nourrit ? — Du temps, je le répète.

— Connais-tu bien l'amour, toi qui n'as pas de maître ? Quel amour ? des beaux-arts ? ou l'amour de l'amour ?

— Fi donc ! Celui du Maître en l'Éternel séjour. — Je suis libre, et *demain* je veux tout me permettre.

Joies désolées.

VIVRE EN DIEU

(EXTRAITS)

L'arbre est dieu, l'homme est dieu, mais il est des degrés. Le premier-né du Rêve et son fils préféré, son serviteur agile, exécutant ses trames, le Feu — chez le Poète — envahit toute l'âme.

Poète je le suis. Uniquement poète. Autrement dit rêveur, créateur conscient. Autrement dit *surtout* dieu créant, dieu rêvant. Et l'un des plus créant, rêvant de la planète.

Créer, rêver sont même chose : je le répète. Si l'on ne m'a compris, tant pis ! Allons aux champs ! — Je pense avoir prouvé que dieu je le puis être, mais je le prouverai mieux encore en chantant,

jusqu'à l'heure où m'ayant résorbé le grand Rêve, et tout étant bien mort de ma divinité, le monde en un long deuil pleurera ma vie brève. (Hélas ! rien d'éternel sinon l'éternité.)

CHARLES D'ORLÉANS DANS LA TOUR DE LONDRES

Entre gentils pays de France le plus subtil et mieux disant (où le cherchent ses paysans) le comté de Blois est plaisant, et Charles en a souvenance.

Moins prisonnier d'un noir château que des brouillards de la Tamise et d'une contrée indécise, Charles rêvant à ses hameaux pleure un songe de Loire grise.

En sa misère et ses chagrins, moins prisonnier des froides pierres que des nuits sombres d'Angleterre, Charles rêvant au ciel serein pleure un songe d'étoiles claires.

Moins prisonnier de la grand'Tour que de cet inconnu ramage qu'Anglais pépient dedans sa cage, Charles rêvant à ses amours pleure un songe de fin langage.

En son humeur et sa tristesse, moins prisonnier du félon roi que de sa parole *en françois,* Charles rêvant à sa jeunesse pleure tout le songe de Blois.

A ce gentil pays de France, le plus subtil et mieux disant, à sa ville, à ses paysans, au château de Blois si plaisant, Charles donne sa remembrance.

Il est là, venu d'Azincourt, pour écouter aux fins de jour les clefs tristes d'un geôlier pâle, un rat qui traverse une salle, et les mâtins Anglais de cour.

On croirait qu'il ne songe à rien, mais il rêve à ce qu'il sait bien, laissant parler la douce feinte de la poésie son vrai bien, tant soit-elle faible et contrainte.

Ainsi rêvant à ses amours, à sa jeunesse — à l'avenir ? non, à sa Loire — or il soupire, étant, ce Charles dans la Tour, prisonnier de son souvenir.

Que j'ai de plaisir.

LES ROSSIGNOLS

« J'entends mille rossignols » écrivait à sa lignée cette folle Sévigné traversant Blois en bagnole.

Voilà ce qu'elle en décrit. Art de peindre sans école ! Tout le reste faribole ? tout, hors son bonheur d'esprit.

Chère, si mon cœur est fol, je n'y peux rien. Aujourd'hui, voulez-vous ? l'amour me duit : j'entends mille rossignols.

Que j'ai de plaisir.

IL Y A DE CELA 90 ANS

A ma nièce Gabrielle Fort, fille unique de Rachilde.

Rachilde naît aux loups près des bois de Thiviers, aux poètes encore, à son génie en outre — je résume — à la Poésie, dont loups-cerviers qu'elle ira voir de nuit ou par lune ou par foudre,

lorsqu'elle s'enfuira — sur laineuses sandales étouffeuses des pas — de sa maison natale, pour aviver plus verts ses yeux verts aux yeux verts des loups, frangeant l'orée or-noir sous le couvert.

Nulle peur de l'enfant, nulle des loups et louves. Allez donc l'arracher cette Rachilde enfant aux regards fascinants et qui son regard couvent. De temps à autre, ils le peuvent bien ses parents.

Mais la féerie est là — tous ces loups qui s'en viennent éclairer pour jamais l'âme rachildienne, sous le nom Poésie qui séduira plus tard son Léo, son Verlaine, ah ! tous ses « compaings » d'art,

et Barrès et Villiers, puis enfin — ça plus chouette que toutes les chouettes de Minerve ! — son *Vallette*,

sage homme à qui vient d'elle amour de Poésie, tant qu'il y gagnera la sombre fantaisie, laborieuse, de publier, publier, publier 150 Apollons sans leurs bourses délier.

La voici morte, cette Fée monagénaire. Feus Verhaeren, Laforgue, Elskamp, Lautréamont, Griffin, Régnier,

Louÿs, Kahn, Moréas, Gourmont, Maeterlinck, Jammes, tous, sortez tous de votre Aire

céleste ! accueillez-là celle à qui France doit de vous connaître, ou vite, ou sur le bout des doigts ; mais je veux que derrière vous, l'éternel jour nous illumine, eh oui ! trouvères ; oui, troubadours !

cent oreilles de loups pointant — ouïes de velours... Justice à tous, justice à Rachilde surtout, à l'Époux s'archarnant au labeur comme un fou héroïque — *et nocturne* — alors justice aux loups !

Ferveur française.

JE T'OFFRE PARIS

Deux copains, Lily N... et P. F..., se promènent chaque jour dans Paris et chaque jour P. F..., tant soit peu trouvère, offre à son amie une place, une rue, un monument, un jardin, même tout un quartier de notre bonne Ville. Après lui avoir offert son cœur soi-disant, il lui « donne » aujourd'hui : Montmartre.

MUNIFICENCE 26

OU LE DON DE MONTMARTRE

— « Et Montmartre ? » — « Oh ! Lily, voici que je suis, là, sur un glacis glissant où je glisse incapable de répondre un mot favorable

à ton « Et Montmartre ? » — « Pourquoi ? » — « Le sais-je ? Prince vaut-il rois ? vaut-il, ce laineux caraco, ces très guignés manteaux de martre ?

aurez-vous des prix *ex-œquo,* Saints et vil Démon plein de dartres ? juchés sur le Mont — tels des « cots » — et chantant sa gloire aux échos

ces poètes qu'on voit de Chartres, que suis-je auprès d'eux ? un coco qui ne saurait t'offrir Montmartre, son cœur n'y faisant pas écho :

mais il est trois coqs de la Butte, aux merveilleux cocorico, pouvant te l'offrir sans culbute : Mac-Orlan, Salmon et Carco.

Bien sûr que ce pays étrange m'a conquis, reconquis cent fois et que j'y fus parfois un ange avecque des cornes parfois.

Je connais, je fréquente, j'aime des « hauts » d'où contemplent *Pénème* que des Rastignacs à la crème ! je le sais bien, je le sais bien,

et rues des Saules, des Abbesses, de l'Orient, je le professe, j'eus l'âme en tristesse et liesse, mais quoi ! tout ça n'est pas mon bien.

J'aime revoir, un pleur aux cils, — coiffé de feuilles dès Avril — le *Lapin agile* sans Gill, je le sais bien, je le sais bien,

sans Frédé, las ! de qui ne tranche plus — sur ténèbre à mauvais anges — la bondieusarde barbe blanche, mais quoi ! tout ça n'est pas mon bien.

Je connais, j'aime, je fréquente et vigne en soleilleuse pente et ces « Utrillo » qui me hantent, je le sais bien, je le sais bien,

ces doux motifs pleins de douleur et à vous arracher le cœur, oui, mon sacré cœur, *Sacré-Cœur !* et puis quoi ?... ce n'est pas mon bien,

non plus, malgré l'âme follette que je garde à m'en désoler, ce vieux *Moulin de la Galette* errant par le ciel étoilé,

bras gesticulant ou dressés, chef d'orchestre, tel Offenbach, des sphères au chœur insensé, qui fiche à Dieu même le trac.

Vois-tu, Lily, ma souriquette, ce ne sont là que pots pourris, n'ayant rien du plus vif esprit dont le plus haut goût soit en quête.

Adresse-toi, belle, aux artistes précités — du Mont-enchanté miraculeux spécialistes — par la Butte cœurs tourmentés !

Vrai ! je ne puis rivaliser avec ces Trois que nul ne vaut et dont le montmartyrisé génie écarte cent rivaux.

Montmartre, pour le bien chanter, il faut, gosse, l'avoir tété. » — « Les coqs ne tettent pas ! » — « J'ignore ce qu'ils font au pis de l'aurore.

Bah !... Mais honore tout le lot, superbe avec ou sans lolo ; et, leur *ajouxtant* Utrillo, vivent — Hourrah ! cocorico ! — Mac-Orlan, Salmon et Carco ! »

Bol d'air.

HONNIS SOIENT...

Honnis soient, dans mon cœur, ceux qui ne savent pas courser la fée aux lys et la fée à cabas, aimer la vierge en fleur et la fille à tabac, rire en pleurs, mêler Offenbach à Rodenbach, l'assassinat aux paradis, les joies aux peines, mêler surtout la fantaisie à l'élégie, la verdeur champenoise aux farouches Ardennes, le *dies irae*, voire aux plus fols dig-don-daine, et vivre en gars humain, tendre avec énergie.

Vive Patrie.

ROMANTISME

Racine était-il bien sensible au bruit de source que voilà ?

Ces nénuphars bercés entrent dans ma douleur.

Jean-Jacques est passé par là.

Virgile était-il bien sensible au firmament sur sa villa ?

Mon destin, vous suivez la prime étoile en fleur ?

Lamartine est passé par là.

Homère était-il bien sensible au grand vent noir dans les lilas ?

Trois feuilles en tourment se jouent de mon bonheur.

Lors Byron est passé par là.

A quoi ne suis-je donc sensible ? Tout m'est fièvre, désordre, éclat.

Joie et douleur mon âme est la proie de mon cœur.

Baudelaire a glissé par là.

Fantômes de chaque jour.

CANZONE DE « SI TOUS LES GARS DU MONDE »

Sur la grève où vient mourir le Nil, sur la grève où vient mourir le Pô, sur la grève où vient mourir la Seine, trois poètes meurent de Poésie.

C'est, le premier, Antar aux longs cils, le second, Dante au rouge manteau, le troisième, un doux Villon sans haine, mais — que ce soit grande leçon demain —

ils sont morts en se donnant la main.

Si tout l'amour.

OÙ SONT MES CAMARADES ?

à Louis Amade.

Où sont mes camarades ? évanouis dans l'éther ? en terre, dans leur bourgade ? mus en lys ? en asters ? en oiseaux ? oiseaux-lyres ? en autres grands bouts d'hommes ? en Coppée ? en Shakespeare ? en chats miauleurs des nuits ? en gomme sur le pin ? en boababs sans fin ? en chênes ? ifs ? peupliers ? en ours blancs sur banquise ? en îlots des Marquises ? en roseaux déliés du Pascal de l'Église ? en fantômes pliés sous leur tête incomprise ? — en ce seul mot « finir » ? — comment les définir ou les redéfinir d'une façon précise ? Peut-être en souvenirs ? souvenirs oubliés ?

Inédit.

BALLADE DE MES ANCIENS COMPAGNONS

Que de morts, dans les cimetières, me font le salut militaire.

Inédit.

BALLADE DU MEILLEUR AVOCAT

Le meilleur avocat du diable, ce fut avec son cœur de pierre et l'âme la plus pitoyable, ce fut Voltaire.

Le meilleur avocat du monde, Voltaire, ce fut ta faconde filant comme laine au rouet, ô Arouet.

L'avocat meilleur, le moins faux, qui vous planta les droits de l'homme comme un drapeau sur l'échafaud : Voltaire en somme.

Avec Rousseau ?

Inédit.

SOUVENIR D'OSCAR WILDE

L'homme tue et c'est sa délivrance, la délivrance de son âme éternelle, prisonnière des lois, des faits, des contingences et des amours sempiternelles.

Gare-toi dans toutes les ruelles de l'existence ! — Ton corps est vif, ton cœur est frappé, ton âme vive, ton âme s'est échappée.

L'homme tue la femme avec son indifférence, la femme l'homme avec sa constance, la femme la femme avec un sourire, et si n'ont point agi les dédaigneux soupirs, l'homme l'homme avec une épée.

Mais pourquoi te garer ? Pourquoi cette existence ? — Ton corps est vif, ton cœur est frappé, ton âme enfin, ton âme s'est échappée...

L'Arlequin de plomb.

REMY DE GOURMONT

Comme on éprouve argent, or louches, au grain d'une pierre de touche,

il éprouvait Tout — la Beauté, Pan, Dieu, saint Paul ou sainte Thècle,

amours, langage et « vérités » — au plus fin sourire du siècle.

JEAN DE GOURMONT

PRÉDIT À MON FILS FRANÇOIS, VIEUX DE NEUF JOURS, QU'IL SERA POÈTE

Ne plus vivre à l'ombre des statues.
GEORGES DUHAMEL.

Jean de Gourmont, ô Prophète à la parole de feu, que je t'embrasse en cachette.

Mon fils, donc, sera Poète ! C'est ton idée et pour peu que ma fille soit bas-bleu,

je vivrai — dans quel beau lieu ? — à l'ombre des statuettes.

Au Pays des moulins.

BALLADE D'UN SI PROCHE ET LOINTAIN FRANÇOIS

Tes sanglots longs, François Villon, ce furent bien avant Verlaine, et souvenirs de repentirs et la plainte la plus humaine.

Vivre sans loi, presque sans roi, sans amour, sans foi, sans bonheur, puis mourir, ivre, du mal de vivre, n'ayant plus ni maman ni cœur !

Toi seul pourtant — Verlaine autant ? Heine ? Musset ? Dante ? Shakespeare ? fi ! — grand' merveille, ô sans pareil ! mais sans pitié, ô Montcorbier ! tu m'as fait pleurer sur ma lyre.

Inédit.

CONVOI DE PAUL VERLAINE APRÈS UN TOURBILLON DE NEIGE

(Rêverie en souvenir de ton plus beau jour, boulevard Saint-Michel)

Ce Boul'Mich' tout de neige et bleu froid cent pour cent, à la Breughel du « Massacre des Innocents », avec foule de personnages aux foulards blancs, écarlates, roux, vert tendre ou vert criard,

tu le revois, mon âme, ce Boul'Mich' d'autrefois et dont le plus beau jour fut un jour de beau froid : Dieu ! s'ouvrit-il jamais une voie aussi pure au convoi d'un Grand Mort suivi de miniatures ?

Tous les grognards — petits — de Verlaine étaient là, frissonnant, toussotant, glissant sur le verglas, mais qui suivaient ce mort et la désespérance, morte enfin, du Premier Rossignol de la France

ou plutôt du Second (François de Montcorbier, voici belle lurette, en fut le vrai Premier). N'importe ! Lélian, je vous suivrai toujours ! premier ? second ? vous seul. En ce plus froid des jours,

n'importe ! je suivrai toujours, l'âme enivrée, ah ! folle d'une espérance désespérée, Montesquiou-Fezensac et Bibi-la-Purée, vos deux gardes du corps, — entre tous moi *dernier*.

Bol d'air.

BALLADE À GUILLAUME APOLLINAIRE

Un monument à Guillaume Apollinaire sera prochainement élevé à Saint-Germain-des-Prés. Emplacement probable : le square de l'église.
Journal du Dimanche.
17 août 1958.

Mon cher Guillaume Apollinaire, tu sais que j'aimais tes façons (ton art vif est grande leçon), recule un brin — et sans colère — vers Montparnasse à l'horizon. Saint-Germain-des-Prés ? bonne place, mais c'est la place de Villon.

Attends, que je regarde l'heure. — Non ! c'est la place de Fombeure. Après viendront les Rousselot, Sartre, j'en passe et des meilleurs. Ne serait-ce que... non ! c'est trop ! Mais si ! ne serait-ce, au galop, que l'Apollon du Belvédère.

Pardon, Guillaume Apollinaire, ceci n'est point de ta façon. Mais ça vous a, sans avoir l'air, quelque chose de musculaire, puis de courtois *qui m'en dit long*, oui quelque chose à ta manière, ou celle de François Villon.

Ta main, Guillaume Apollinaire ! Ton art vif est grande leçon !

Inédit.

BIBLIOGRAPHIE SOMMAIRE

I. Le texte.

Il est composé à la fois de poèmes inédits retrouvés après la mort de Paul Fort et de textes repris dans *Ballades françaises, Choix 1897-1960,* paru en 1981 dans la collection « Flammarion Grand Format ». Quelques autres textes ont été extraits des dix-sept volumes des *Œuvres complètes,* publiés chez Flammarion, de 1922 à 1958 (voir la Chronologie).

Le titre général du présent recueil a été inspiré par le titre d'un des poèmes inédits.

II. Études sur Paul Fort.

— Béarn, Pierre : *Paul Fort,* Collection « Poètes d'aujourd'hui » n° 76, Paris, Seghers, 1960 (rééditions en 1970 et 1975).

C'est le seul ouvrage entièrement consacré à Paul Fort.

— Bernard, Suzanne : *Le Poème en prose de Baudelaire jusqu'à nos jours,* Paris, Nizet, 1959.

— Décaudin, Michel : *La Crise des valeurs symbolistes,* Toulouse, Privat, 1962.

Ces deux ouvrages sont partiellement consacrés à Paul Fort.

CHRONOLOGIE

1872 : Naissance de Paul Fort, le 1er février, à Reims, 1, rue du Clou-dans-le-Fer, tout à côté de la Cathédrale (« ma première grande inspiratrice »). Paul Fort est le quatrième enfant d'une famille dont le père est marchand de champagne. Enfance heureuse :

« Je voyais des fées partout [...] Cette existence féerique, je la menais à l'école même et hors l'école, et si bien qu'au temps des vacances, passées toujours à Châlons-sur-Marne, chez mes grands-parents, cette préfecture était à mes yeux, et très spécialement, la préfecture des fées [1]. »

1878 : « Patatras ! un grand événement soudain dans ma petite vie. Adieu Châlons-sur-Marne, adieu Reims-la-Royale. Voici mon père qui, de marchand de champagne, devient inspecteur général d'une Compagnie d'assurances. »

La famille s'installe à Paris, 63, rue de Vaugirard.

« J'y perdis une cathédrale que Saint-Sulpice ne remplaça jamais.

J'y gagnai, par contre, le plus beau des jardins de l'Europe, le Jardin du Luxembourg. »

1887 : La famille s'installe 62, rue Saint-Placide. Paul Fort est élève au lycée Louis-le-Grand.

1888 : Fait la connaissance au jardin du Luxembourg

1. Toutes les citations ici utilisées sont extraites de *Mes Mémoires. Toute la vie d'un poète 1872-1944*, Paris, Flammarion, 1944.

d'André Gide et de Pierre Louÿs, tous deux élèves à l'École alsacienne.

1889 : Admirateur du mouvement symboliste, Paul Fort décide de créer un théâtre qui viendrait soutenir ses idées. Ce sera le Théâtre d'Art, qui s'oppose au Théâtre Libre d'Antoine, foyer de l'école naturaliste. L'expérience durera quatre ans. Des acteurs bénévoles et des décorateurs promis à la célébrité (Gauguin, Vuillard, Bonnard, Émile Bernard) contribueront à son succès, et l'on y jouera aussi bien des pièces de Marlowe, Shelley et Hugo que de Remy de Gourmont, Rachilde et Maeterlinck.
Toute cette activité naissante vaut à Paul Fort d'être sans tarder renvoyé du lycée Louis-le-Grand.

1890 : Paul Fort fait jouer, le 5 octobre, au Théâtre d'Art sa première pièce, *La Petite Bête*.

1891 : Mariage avec Marie-Suzanne Theibert, dite Suzon, jeune marchande de fleurs, rue Saint-Placide. Les témoins sont Mallarmé et Verlaine.

« Énergique poète fleuriste, je trouvais encore le temps de laisser mijoter dans ma cervelle, puis d'écrire de mes doigts endoloris, aux fins de journées, maintes et maintes poésies en l'honneur de la France, de ma belle et de ma jeunesse. Je nommais cela des ballades. »

1892 : Paul Fort fonde avec Jarry, Fargue, Pierre Louÿs, Jaloux, Klingsor et Francis Jammes le *Livre d'Art* et dirige de fait cette « revue de la seconde génération symboliste ».

1893 : Il s'installe avec ses parents dans une villa, 12, avenue du Bac, à Asnières.

1894 : Il publie ses premières plaquettes poétiques : *Premières Lueurs sur la colline* et *Monnaie de fer,* aux éditions de l'Art indépendant.

1895 : Paul Fort publie *Presque les doigts aux clefs* à l'Art indépendant et *Il y a là des cris* au Mercure de France.

1896 : Publication, au Mercure de France, des premières *Ballades (Ma légende, mes légendes. Les Saisons, Sur la route et devant l'âtre, L'Orage, Louis XI curieux homme).*

1897 : Un premier volume des *Ballades françaises* paraît au Mercure de France, avec une préface de Pierre Louÿs. Il sera suivi de bien d'autres, toujours au Mercure de France. Le 16 juin, naissance de sa fille Jeanne.

1898 : Tome II des *Ballades : Montagne, Forêt, Plaine, Mer.*
Le poète s'installe à Montparnasse, 18, rue Boissonnade. Il est non loin d'un de ses lieux de prédilection, la Closerie des Lilas.

1899 : Tome III des *Ballades : Le Roman de Louis XI.*

1900 : Tome IV des *Ballades : Les Idylles antiques et les Hymnes,* et tome V : *L'Amour marin.*

1902 : Tome VI des *Ballades : Paris sentimental ou le Paris de mes vingt ans.* Le poète élit domicile 6, rue Sophie-Germain, à Paris.

1903 : Tome VII des *Ballades : Les Hymnes de feu précédés de Lucienne.*

1905 : Paul Fort crée la revue *Vers et Prose* — même titre que le grand livre de Mallarmé. Cette revue anthologique des meilleurs représentants du Symbolisme s'ouvre à de nouveaux poètes (Verhaeren, Salmon, Apollinaire, Claudel, Gide, Jammes) ainsi qu'à des prosateurs comme Barrès, Gourmont, Alain-Fournier, Carco, Dorgelès. Elle porte comme devise : « Défense et Illustration du lyrisme en prose et en poésie ».
« … chaque soir, et plus tumultueusement les mardis soir, les collaborateurs et les amis de notre vivant recueil étaient conviés à se réunir, pour parler de leur foi et de leur idéal, dans les salons (si je puis dire) ou à la terrasse, merveilleuse vraiment, de cette désormais illustre Closerie des Lilas. »
Vers et Prose paraîtra jusqu'en 1914.

1906 : Tome VIII des *Ballades : Coxcomb ou l'homme tout nu tombé du paradis*.

1907 : Lors d'un banquet organisé par le groupe des Loups, en forêt de Fontainebleau, Paul Fort rencontre Marguerite Gillot dont il s'éprend. Avec celle qu'il surnomme « Margot-mon-Page », le poète s'installe à Montmartre, rue de l'Orient, face au Moulin de la Galette. Ils vivent au contact du milieu pictural et tiennent leurs assises dans un café de la rue Lepic, *Au téléphone*, ou au *Lapin agile*.

1908 : Paul Fort publie *Ile-de-France, suivi de Margot mon page,* aux éditions Figuière.
Une fille, Laure, naît en octobre de son union avec Marguerite Gillot.

1909 : Publication de *Mortcerf suivi de la Guirlande au gentil William,* chez Figuière qui restera l'éditeur de Paul Fort pendant quelques années. Le poète y publiera *La Tristesse de l'homme suivi de Pontoise ou la folle journée,* en 1910; *L'Aventure éternelle,* en 1911; *Montlhéry-la-Bataille* et *Vivre en Dieu,* en 1912; *Chansons pour me consoler d'être heureux* et *Choix de Ballades,* en 1913 et *Les Nocturnes* en 1914.

1912 : Paul Fort est élu, à la Closerie des Lilas, Prince des Poètes. Il succède ainsi à Leconte de Lisle, Verlaine et Léon Dierx. Ses électeurs s'appellent, entre autres, Mistral, Maeterlinck, Richepin, Saint-Pol-Roux, Vielé-Griffin, Apollinaire, Alain-Fournier, Carco.
C'est à la même Closerie des Lilas que Paul Fort va bientôt rencontrer le troisième grand amour de sa vie, Germaine Tourangelle.

1913 : Le poète fait une tournée de conférences au Danemark.
A la fin de l'année, il décide d'aller « enlever » Germaine dans son village des Bordes, près de Sully-sur-Loire.

« ... l'enlèvement se fit dès un carrefour de la forêt d'Orléans où, trottinante, était venue me rejoindre la svelte, la pure, la blonde jeune fille aux yeux de ciel et fouette cocher ! jusqu'à un village lointain, une petite halte sur la grande ligne de chemin de fer menant à Paris [...] De cette halte j'enlevai mes amours — tenez-vous bien ! — d'une seule traite jusqu'à Moscou ».

1914 : Avec Germaine, qui est la fille de Léo d'Orfer — le créateur de la revue *La Vogue* —, Paul Fort entreprend une longue tournée de lectures-conférences qui les mène en Suisse (février), à Varsovie, Moscou, Saint-Petersbourg et Berlin (mars et avril).
Le couple habite ensuite quelques villages des Yvelines (les Haizettes et Gambaiseuil) avant de rejoindre le boulevard du Montparnasse, en octobre.

1915 : Paul Fort publie *Poèmes de France,* bulletin lyrique bi-mensuel.
Il s'installe à la fin de l'année 34, rue Gay-Lussac, à Paris.

1916 : Il fait paraître le recueil *Deux chaumières au pays de l'Yveline,* en dépôt chez la libraire Adrienne Monnier.
Les *Poèmes de France* paraissent en volume chez Payot.

1917 : Le poète donne quatre ouvrages : *Que j'ai de plaisir d'être français,* chez Fasquelle ; une *Anthologie des Ballades françaises,* au Mercure de France ; *L'Alouette,* à l'Édition et *Si Peau d'Ane m'était conté,* chez Émile-Paul.

1918 : *La Lanterne de Priollet ou l'Épopée du Luxembourg* paraît chez Émile-Paul.

1919 : Quatre ouvrages paraissent dans l'année : *Les Enchanteurs,* au Mercure de France ; *Barbe-Bleue, Jeanne d'Arc et mes amours,* à l'Édition ; *Chansons à la gauloise sur la vie, le rêve et l'amour,* chez Fasquelle ; et *Dix Paysages de l'Yveline,* chez Helleu.
Le 20 février, Hélène naît de son union avec Germaine Tourangelle.

1920 : Paul Fort fait une tournée de conférences en Hollande, en février.
Le 4 août, Germaine lui donne un fils, François.
Nouvelle tournée de conférences, en Belgique, à la fin de l'année.

1921 : Publication de trois livres : *Hélène en fleur et Charlemagne,* au Mercure de France ; *Au pays des moulins, suivi de Comme une solennelle musique,* chez Fasquelle ; et une *Anthologie,* au Mercure de France.
Durant l'été, tournée de conférences au Brésil, en Argentine, en Uruguay, au Chili.
En octobre, la pièce *Louis XI curieux homme* est créée à l'Odéon.
En novembre, le poète se fait construire une petite maison à Montlhéry.

1922 : Flammarion devient désormais l'éditeur quasi exclusif de Paul Fort et entame l'édition de ses *Œuvres complètes,* dont le premier volume, *La Ronde autour du monde,* est préfacé par Pierre Louÿs.
Un *Florilège des Ballades françaises* paraît en édition de luxe, chez Pichon.
Conférences en Suisse, au cours de l'été.

1923 : Paul Fort donne *Les Compères du roi Louis.*
Le second volume des *O.C., L'Amour et l'aventure,* s'ouvre sur un avant-propos de Mistral.
Le 7 mai, naît Claire, le dernier enfant de son union avec Germaine.
Le 16 octobre, la pièce *Ysabeau* est créée au théâtre de l'Odéon.

1925 : Paul Fort donne des conférences en Angleterre.
Flammarion publie une *Anthologie des Ballades françaises,* tandis que le tome IV des *O.C., La Tourangelle,* est préfacé par Camille Mauclair. *Fantômes de chaque jour* fait l'objet d'un recueil.

1926 : Le tome V des *O.C., Les Fleurs de lys,* est introduit par Maurice Renard.
Le 21 janvier, meurt Marguerite Gillot.

Le 26 juin, la pièce *Les Compères du roi Louis* est créée à la Comédie-Française.

1927 : Publication de *L'Or, suivi de Ruggieri* et de *Histoire de la Poésie française depuis 1850,* en collaboration avec Louis Mandrin.
L'Or est créé à l'Odéon, au mois de mai.

1928 : Conférences en Tchécoslovaquie, en septembre.
Paul Fort a pris l'habitude de publier, en marge des grands recueils de Flammarion, quelques petites plaquettes hors commerce, à l'imprimerie Bernouard ou Klein : *Jeanne d'Arc, la Lorraine et la Champenoise,* en 1924 ; *Paris la grand'ville,* en 1925 ; *Au jardin de la France,* en 1926 ; *Chansons d'amour* et *Toute la France,* en 1927 ; *Le Rire français,* en 1928 ; et bientôt *Quartier latin,* en 1929 ; *L'Amour enfant de Bohème,* en 1930 et *Rois de France,* en 1931 (tous chez Bernouard), ainsi que *Contes de ma sœur l'Oie,* en 1931, *L'Homme tombé du Paradis,* en 1932 ; *Vols d'oiseaux noirs au temps des cerises,* en 1933 ; *L'Arche de Noé,* en 1934 ; *Chants du malheur et chansons du bonheur,* en 1935 ; *Naufrage sous l'arc-en-ciel,* en 1937 et *Le Livre d'espérance,* en 1939 (tous chez Klein).

1934 : Un Festival Paul Fort a lieu à Tokyo, le 14 février.

1936 : *L'Arlequin de plomb* paraît chez Flammarion.

1937 : Le même éditeur publie *Joies désolées et tristesses consolées, suivi d'Africa et de Johanniana.*

1938 : Publication de *Expo 37 suivi de Raymonde aux yeux verts.*

1940 : Un long exode mène, en juin, le poète de La Rochelle aux Pyrénées, puis de Toulon dans le Périgord. En octobre, il est de retour à Paris.

1941 : La publication des *O.C.* reprend. Le tome VI, *Le Livre des visions,* s'ouvre sur un avant-propos de Paul Valéry.
Un *Florilège des Ballades françaises* est publiée par L'Amitié par le Livre.

1942 : Paul Fort s'exile à Montlhéry.

Le tome VII des *O.C.*, *L'Arbre des Fées*, est préfacé par Maeterlinck.

1943 : Le tome VIII des *O.C.*, *Un jardinier du jardin de France*, est préfacé par André Antoine.

1944 : Le poète, qui retrouve Paris, publie *Mes Mémoires (1872-1944)*.

1945 : Un gala est donné en son honneur, à Nantes, le 23 mars.

1946 : Le tome IX des *O.C.*, *Bol d'air*, est assorti d'un avant-propos de Guillaume Apollinaire.

1947 : La publication des *O.C.* bat son plein : tome X, *On loge à pied et à cheval*, avec un avant-propos de Remy de Gourmont, et tome XI, *Contes de ma sœur l'Oie et de mon frère le Jars*, avec un avant-propos d'André Fontainas.

1948 : Le tome XII des *O.C.*, *Le Pèlerin de la France*, s'ouvre sur un avant-propos signé par Jean Royère, Fortunat Strowski et Robert de la Croix.
Sous le titre *L'Archipel fleuri*, paraissent 25 manuscrits enluminés par Georges Morin.

1949 : Publication du tome XIII des *O.C.*, *Vive Patrie*, avec un avant-propos de Georges Duhamel.

1950 : *Mon grand pays*, tome XIV des *O.C.*, paraît avec un avant-propos de Raphaël Barquissau.

1952 : Paul Fort obtient le Grand Prix de l'Académie française.

1953 : L'avant-propos d'*Empire de France*, tome XV des *O.C.*, est rédigé par Charles Thibault.
Paul Fort est fait commandeur de la Légion d'honneur.

1954 : *Ferveur française*, tome XVI des *O.C.* paraît avec un avant-propos de Georges Lecomte.
Le poète obtient le Grand Prix littéraire de la Ville de Paris.

1955 : Mort de sa fille Laure.

1956 : Paul Fort perd, au mois de mars, la femme qu'il

avait épousée en 1891, Suzon. Le 8 juin, il se marie avec Germaine Tourangelle.
Il participe en septembre au Festival de poésie de Knokke-le-Zoote.

1957 : Le poète guérit d'un cancer à la gorge.

1958 : Le dernier tome (XVII) des *O.C.*, *Si tout l'amour m'était conté* paraît avec un avant-propos de Georges Simenon, John Flecker et Marc Elder.
Le poète se retire définitivement dans sa maison de Montlhéry.

1960 : Paul Fort meurt le 20 avril à Montlhéry. Sa mort précède de peu la publication de la monographie que Pierre Béarn vient de lui consacrer chez Seghers, dans la collection « Poètes d'aujourd'hui ».

1963 : Flammarion publie *Ballades françaises, Choix 1897-1960*.
Ce même ouvrage est repris en 1981 chez Flammarion dans la collection « Grand Format ».

TABLE

TITRES RÉCEMMENT PARUS

AMADO (JORGE)
Mar morto (388)

ARIOSTE
Roland furieux. Textes choisis et présentés par Italo CALVINO (380)

BALZAC
La Maison du chat-qui-pelote (414). Peines de cœur d'une chatte anglaise (445)

BECKFORD
Vathek (375)

BRONTÉ (EMILY)
Hurlevent-des-Monts (Wuthering Heights) (411)

CARROLL (LEWIS)
Tout Alice (312)

CAZOTTE
Le Diable amoureux (361)

CARRINGTON
Le Cornet acoustique (397)

***
Code civil (Le). Textes antérieurs et version actuelle. Éd. J. Veil (318)

COLETTE
La Fin de Cheri (390)

CROS
Le Coffret de Santal. Le Collier de griffes (329)

DAUDET
Contes du Lundi (308)

DESCARTES
Méditations métaphysiques (328)

DIDEROT
Le Neveu de Rameau (143)

DICKENS
David Copperfield 1 (310) - 2 (311)

DOSTOIEVSKI
Récits de la maison des morts (337). L'Idiot 1 (398) - 2 (399)

DUMAS fils
La Dame aux camélias. (Roman, théâtre, opéra. *La Traviata*) (381)

***
Farces du Moyen Age (412)

FLAUBERT
L'Éducation sentimentale. (Première version). Passion et Vertu (339)

GAUTIER
Voyage en Espagne (367). Récits fantastiques (383)

GOLDONI
La Manie de la villégiature. Baroufe à Chiogga et autres pièces (322)

HAMSUN
Victoria (422)

HAWTHORNE
La Lettre écarlate (382)

HOBBES
Le Citoyen (De Cive) (385)

HOFFMANN
Contes fantastiques 1 (330) - 2 (358) - 3 (378)

HÖLDERLIN
Hymnes-Élégies (352)

HUGO
Les Burgraves (437). L'Art d'être grand-père (438)

HUME
Enquête sur l'entendement humain (343)

JAMES
Les Deux Visages (442)

KADARÉ
Le Pont aux trois arches (425)

KAFKA
Le Procès (400). Le Château (428)

LA BOÉTIE
Discours de la servitude volontaire (394)

***
Lettres portugaises. Lettres d'une Péruvienne et autres romans d'amour par lettres (379)

***
Lettres édifiantes et curieuses de Chine (315)

LOCKE
Traité du gouvernement civil (408)

MACHIAVEL
Le Prince (317)

MARGUERITE DE NAVARRE
L'Heptameron (355)

MANN
Mario et le magicien (403)

MAUPASSANT
Le Horla et autres contes d'angoisse (409)

MAURIAC
Un adolescent d'autrefois (387)

MELVILLE
Moby Dick (236)

MÉRIMÉE
Carmen. Les âmes du purgatoire (263). La Vénus d'Ille et autres nouvelles (368). Tamango. Mateo Falcone et autres nouvelles (392)

MIRBEAU
Le Journal d'une femme de chambre (307)

MISTRAL
Mireille (texte provençal et trad. de Mistral) (304)

MORAND
Hécate et ses chiens (410)

MORAVIA
Nouvelles romaines (389). Agostino (396)
Le Conformiste (415)

NODIER
Smarra, Trilby et autres contes (363)

PASCAL
De l'Esprit géométrique, Écrits sur la grâce et autres textes (436)

PETRONE
Satyricon (357)

PROUST
La Prisonnière (376)

RADIGUET
Le Bal du comte d'Orgel (406)

REVERDY
Flaques de verre (405)

RONSARD
Les Amours (335)

SCARRON
Le Roman comique (360)

SCIASCIA
Les Poignardeurs. La Disparition de Majorana (427)

SEGALEN
Le Fils du Ciel (377)

SHELLEY (MARY)
Frankenstein (320)

SIENKIEWICZ
Quo Vadis (362)

STENDHAL
Lucien Leuwen 1 (350) - 2 (351)

STERNE
Vie et Opinions de Tristram Shandy (371). Voyage sentimental (372)

TOCQUEVILLE
De la Démocratie en Amérique 1 (353) - 2 (354)

VAUVENARGUES
Introduction à la connaissance de l'esprit humain et autres œuvres (336)

VESAAS
Palais de glace (423)

VILLIERS DE L'ISLE-ADAM
Contes cruels (340). Claire Lenoir et autres récits insolites (401)

WOOLF (Virginia)
La Traversée des apparences (435)

GF GRAND-FORMAT

CHATEAUBRIAND
Mémoires d'Outre-Tombe. Préface de Julien Gracq (4 vol.)

FORT
Ballades françaises

GUTH
Histoire de la littérature française (2 vol.)

LAS CASES
Le Mémorial de Sainte-Hélène (2 vol.)

Vous trouverez chez votre libraire le catalogue complet de notre collection.

GF — TEXTE INTÉGRAL — GF

9688-1985. — Impr.-Reliure Mame, Tours.
N° d'édition 10598. — Septembre 1985. — Printed in France.